人生でひとつでも、夢中になれることを見つけられた人間は幸せ者だ。
ある日、雪とスキーに魅せられた男が、新たな雪と感動を求めて旅に出た。
スキーを担ぎ、国境のない地図を片手に。

JN125199

プロローグ

この胸騒ぎはなんだろうか?
未知の山を登っていることから来る緊張なのか、それとも
「奴に出会ったらどうしよう」という不安なのか…10分前に
別れた仲間たちは、今どこにいるだろうか?
俺は、スキーを装着し、広大な雪山を1人黙々と登っていた。
視野を広げて山の隅々まで目を凝らすも、仲間の姿は見えな
かったが、奴の姿も見えなかったので、少しだけ落ち着いた。
腰に巻いている銃をもう一度確認する。
もし、奴が襲ってくるようなことがあれば、この銃で然るべき
対処をしなければならない。極寒だというのに、手には脂汗
が滲んでいた。でも、考えてもみろよ。もし、奴がこの銃に何
の殺傷能力もないことに気付いて襲ってくるようなことが
あったら、そのときはどうすれば良い?
ダメだ。パニックになってはダメだ。奴の名は、ホッキョクグマ。
世界最大の肉食獣だ。北海道で山に入るとき、必ずヒグマを
警戒し何らかの準備をしている。しかし、ヒグマにとって人間
の存在は恐怖で、できる限り会いたくない相手。稀にヒグマ
が襲ってくるのは、自分たちの身を守るために止むを得ず…
なのだ。
一方、ホッキョクグマはどうだろうか。
肉しか食べないホッキョクグマは、常に腹を空かせているとい
う。32km先の物すら嗅ぎ分ける嗅覚を持っているホッキョ
クグマが、もし大雪原で人間と対峙したら…彼らは捕食者
で、我々人間は餌という関係が成立してしまう。それは善悪
ではなく、自然の摂理というもの。
俺たち人間は、社会やテクノロジーに守られながら、食物
連鎖の頂点にいると勘違いしているだけなのだ。
それにしても、なんて場所に来てしまったのだろうか。
ここはスバールバル諸島。
北緯78度。北極点の近くに浮かぶシロクマの王国である。

全ての始まりは12年前。世界中の雪山を滑ってみたい
スキーヤーの俺(児玉毅)と、世界中の雪山を写真に収めて
みたいカメラマンの相棒(佐藤圭)が意気投合してスタート
したのが、地球を滑る旅プロジェクトだ。
最初に行ったレバノンの旅で、この旅を続ける意義を確信
した俺たちは、その後、モロッコ、アイスランド、カシミール、
ロシア、ギリシャ、中国と順調に滑り続けてきた。
その後、コロナ禍によって海外取材の延期を余儀なくされた
ものの、その間にシリーズ番外編的に北海道の本を出版。
しかし、これで俺たちが世界中の雪山を滑る情熱が冷めるか
といったら大間違い。メラメラした欲求の向かった先が、この
場所だったのだ。

旅のはじまり

スバールバル諸島を初めて知ったのは、忘れもしない2013年。変態冒険野郎集団で行ったグリーンランド遠征でのことだった。

俺たちがシーカヤックを用いて山にアプローチし、キャンプを移しながらスキーを滑りまくるワイルドな旅をしている時、ダイスケ（メンバーの佐々木大輔）の知り合いのフランス人ガイドが、同じ山域でヘリスキーツアーをやっていた。

たまたま一緒になったマニトックの宿で、そのガイドと話す機会があった。

彼は、世界中のヘリスキーをやり尽くしたような超富裕層が最後に行き着く究極のヘリスキーを手掛けており、その場所というのが、グリーンランド、南極、そしてスバールバルなのだという。世界にはヘリスキーでしか滑らないというセレブがいるのだ。彼らのアルバムを見せてもらったら、そこにビル・ゲイツをはじめとする名の知れた大富豪が写っていたりして「さすが、レベルが違う…」と思ったものだが、俺はそれよりもスバールバルという聞き慣れない地名に興味を持っていた。

南極で滑ることは確かに夢ではあるけれど、個人旅行が実質上不可能なので、自分らしい旅をしたい俺には向かないと思う。

スバールバルは北極に限りなく近い島だが、個人で滑りに行くことができれば、ぜひ行ってみたかった。

グリーンランドから日本に帰ってきて、早速スバールバルについて調べてみたのだが、どうやら南極の次に実現が難しそうな場所だった。俺が今まで最も物価が高くて震えた場所は、ノルウェー北部のトロムセという街だったが、スバールバルはトロムセからさらに飛行機で北極に近づいた究極の遠隔地である。その物価はトロムセより絶対に高いわけで、貧乏旅行の俺たちには、あまりにも厳しい現実となるだろう。そして、最もネックになるのは、人間より多く住んでいるシロクマの存在だ。

スバールバルには人口を上回る約3,000頭のシロクマが生息していると言われ、たびたび人が襲われる事故が起きている。そのため、街から外に出るにはライフルの携行が義務付けられていた。当然ライフルを携行するには免許が必要で、観光客が簡単に使うことなどできない。

「無理じゃん！」というのが率直な思いだった。

実際、ノルウェーに精通しているフルマークス社長の若さんや僻地大好きな大輔やナラッチなどのガイドもスバールバルに行かないところをみると、俺たちみたいにフラッと個人旅行に行くようなスタイルでスキーを滑るのは無理だろう。俺はスバールバルに行くことをほとんど諦めていた。

時は流れ、コロナ禍直前のことだったと思う。知り合いのガイドである石坂博文さんが、スバールバルを滑ってきた投稿をSNSにアップしたのだ。

現地でライフルの資格を持ったガイドに同行してもらったのだという。久々にスバールバルを意識した俺は、胸がざわざわと騒いだ。

多分無理だろうと諦めていたけれど、知り合いが行ったと聞くと、いてもたってもいられない自分がいた。

そして、地球を滑る旅の目的地について圭くんと相談するたびに、いつか行ってみたい場所としてスバールバルが持ち上がるようになった。

ただ、基本的にスキー場を訪ね、そこから少し踏み込んでバックカントリーを滑るスタイルの俺たちの旅にスバールバルがフィットするかといえば、ちょっと疑問だった。

そうこうしているうちに、世界は未曾有の危機に陥っていった。未知のウィルスに脅かされ、たくさんの感染者と死者が出た。そして、世界はロックダウンされていく。

この期間、もちろん医療者など治療に携わった人が最も苦労したと思う。その一方で、我々レジャーに関係する仕事をしている人間は、自分たちの存在意義を否定されたような気持ちになり、それはそれで苦しい時期を過ごした。

今まで胸を張って「最高！」「みんなも楽しもう！」と言っていたことが、今は悪の行為とみなされる。

かと言って、社会に対して俺たちができることは少なく、無力さに苛まれる日々だった。

でも、少しでも前向きに暮らしたくて、今まで外ばかり見ていた目線を変えて、もっと地元にフォーカスしてスキーやアウトドアを楽しむようになった。この時に気付いたのは、たとえ海外に出られなくとも、日本にはあらゆるものが揃っており、様々な体験ができる本当に恵まれた国だということだった。分かっていたつもりだったけど、本当の意味で実感していなかったのかもしれない。

この期間は、俺にとって必要な時期だったのだと、この時ようやく思うことができた。

さて、そうは言っても、やはり俺には「世界中の雪山を滑ってみたい」という欲求があった。

昔から、世界地図を広げ妄想するのが好きだった。

そんな俺が、コロナ禍では世界地図をまったく見ていなかったのだから、よっぽどなことだが、久々に世界地図に見入った時があった。

その時、俺の目に入ってきたのは、地図の一番上で半ば切れかかっているスバールバル諸島だった。

少しずつコロナが落ち着きそうな傾向が見えてきたその時、俺は思った。

海外の旅を再開できる時がきたら、行きやすいとか行きにくいとかは置いておいて、自分の胸に手を当てて「本当に行きたい！」と魂が叫ぶ場所に行こう。

俺の中で、小さな炎が燃えるのを感じていた。

猛威を奮っていたコロナが落ち着き始め、ようやく来シーズン
こそは海外での旅を再開できると確信できる時期が訪れた。
この時、コロナ以前から計画が進んでいた候補地があり
「やっぱりあそこに行こうか？」という話からスタートしたの
だが、圭くんが突然聞き捨てならないことを言い出した。
「タケちゃん、俺、地球を滑る旅とは別で、スバールバルに
行こうと思っているんだよね」
「…え！？」
なんという抜け駆け！
聞くところによると、圭くんが夏場にウェディング撮影の仕事で
行っているトマムに大野くんというアウトドアガイドの友人
がいて、彼に会った時に「圭くん、なんでスバールバルの
インスタをフォローしてるの？」と聞かれたのだという。
「ずっと行ってみたいと思っていて」みたいなことを答えた
ところ、大野くんの口から思がけないことが語られた。
「実は、長男のタケルがこの秋からスバールバルに留学する
ことになって、今度行こうと思っていたんだよ」
ノリの良い圭くんである。「俺も行きたい！」と飛びついたのだ。
圭くんは「地球を滑る旅」じゃなくても行ってみたい場所
だし、動物やオーロラを撮りにでも行ってみようかなと言って
いる。しかし、とてつもなく費用がかかるスバールバルである。
どうせお金をかけるなら、それを「地球を滑る旅」にした方が
良いのではないか？
タケルくんがいることで、宿泊を安く済ませられそうだったし、
学生は必ずライフルの免許を取得するとのことで、同行して
もらえればバックカントリーを滑ることが可能なはずだ。
そして、このタケルくん、彼が子供の頃、俺がトマムで開催した
「冒険キッズスキー塾」に参加してくれたことがあるのだ。
なんか物凄い縁というか、運命を感じていた。
このタイミングを逃したら、スバールバルに行くことはない
かもしれない。

「行くなら今しかない！」と思った。
これはきっと、コロナを耐え忍んできた俺たちにスキーの神
様がくれたギフトに違いない

忘れかけた海外旅行

「おお〜、今回はどこに行くの?」
大荷物を玄関から運び出そうとしていると、スマホをいじりながら長男が言った。
「今回は北極のあたり。シロクマの王国だ」
「ガチで〜? まぁ楽しんで〜」
1ヶ月は会えないと思うのだが、サラッとしたもんだ。
我が家では、俺が大丈夫と言えば、大丈夫ということになっており、それで、みんな心配しない仕組みになっているのだ。
地球を滑る旅、第1回で行ったレバノンの時、2歳の長男と生まれたばかりの次男、子育てに奮闘する妻と俺…。今思い返しても凄く大変な時期だった。
それが、今となっては長男は高校生となり、次男も今年から中学生。乳飲み子だった次男は、俺の身長をもうすぐ越えようとしている。
当時、子育ては想像以上に大変で、夫婦で全力を出し切っても足りない日々が果てしなく続く感じだった。それまでは、自分が夢を追い求めて実現することこそが、結局は家族のためになると思っていたが、現実はそんな甘いものではなかった。厚顔無恥を地で行く俺であるが、子育てに疲れた妻が「1分でもいいから早く帰ってきて」と懇願する姿を見ながら、それでもどんどん海外に出ていくほどツラの皮が厚くなかった。
そんな状況の中で圭くんと出会って夢が蘇り、一念発起してスタートしたのが「地球を滑る旅プロジェクト」だった。
この旅を続けることには、自分にとっていくつかの意味があると思っている。まず第一に、シンプルにスキーを通じた旅の魅力を伝えたいということ。
そして、そこからさらに踏み込んで、一番大好きなスキーを続けるために様々なことに折り合いをつけて旅に出る自分を表現してみたかった。元来、不器用な俺は、あれもこれもできる人間ではないが、自分はこれをやりたい! と思えるものに出会い、それに一生涯かけて情熱を注ぐ姿を表現するのに、

写真と文章という形式が最も合っていると思っていた。そしてそれは、自分の息子たちに向けた長編の手紙でもあった。まぁ、ちゃんと読んでくれればであるが(笑)

かくかくしかじか、そういうわけで4年ぶりの海外への旅である。
こんなに海外から離れたのは、20歳の時にロシアのシベリアに初めての海外旅行に行って以来一度もなかった。いつも無計画で、準備は出発直前にするタイプの俺だけど、今回は珍しく数日前から準備を始めたというのに、そわそわして落ち着かなかった。
まるで海外旅行初心者に戻ったような気分で、そんな新鮮味を楽しんでいる自分がいた。
明日の出発に向けて自宅でパッキング作業をしてると、新千歳空港に前入りするという圭くんからLINEが入った。
「忘れものをしちゃってさ。一回富良野に帰ったさ(笑)」
さすがである。俺も忘れ物が多いけど、圭くんもこれまで数々の忘れ物をして笑いのネタを提供してくれた。中国に行くときカメラバッグまるごと忘れたのには驚きを通り越して全身の力が抜けたものだが、それ以上の忘れ物なんてパスポートくらいしか残されていない。さすがの圭くんでも、それはあり得ないだろう。
うーん、いつも通り。ついに始まるんだなぁ。
なんだか、さっきまでの緊張が和らいでくるのを感じていた。

翌日、圭くんと新千歳空港の国際線ターミナルで合流すると、さっそく「何忘れたの?」と聞いてみた。
「パ、から始まるもの」
「パンツ…? いや、ぱ、ぱ、ぱ…まさか、パスポート?」
「正解!」
「マジでっ?!」

思わずロビー全体に響き渡る大声を出してしまった。パスポートなんて、出発前に3回は確認する最重要アイテムじゃん! どうやったら忘れるの?
聞くと、出発直前にカバンを変えたことによる移し忘れであった。それ、俺もやっちゃいそう…。俺たちの場合、学習するよりも早いスピードで物忘れが多くなっていくから、どうしようもない(笑)。

さて、気を取り直して、巨大なキャリーバッグとスキーバッグを広げ、重さをどう調整するか話し合った。若い頃はチェックイン締め切り間際に行き「もう面倒くさいから行っていいよ」と手荷物超過料金を見逃してもらう作戦を多用したものだが、航空会社も年々シビアになってきた。それに、50歳くらいのいいオジさんがケチケチし過ぎるのもどうだろう。俺たちもようやく大人の自覚が出てきた(やっとかよ!)。
というわけで、飛行機が出発する4時間も前に集合し、航空会社の係と話し合いながら荷物の調整を進めたのであった。
コロナによる空白の3年間を経て、航空券も燃油サーチャージも高騰していた。俺たちはオーバーチャージにおいてもガッツリやられるだろうと覚悟していた。
それがどうだろう? 札幌→ソウル→ドバイ→オスロ→ロングイェールビーンの4回乗り換えの長距離移動で、オーバーチャージ1人15,000円!
まだ何も始まっていないのにガッツポーズが出てしまった。なにしろ、ひとり片道10万円のオーバーチャージ費用を用意していたのだ。
やばい、浮いた分で贅沢しちゃいそうだ。
久々の国際線で、それも、3時間、10時間、7時間と乗り継ぐなかなかな移動だが、旅行に飢えていた俺たちには何もかもが新鮮に感じられ、思いのほか楽しく過ごすことができた。
俺が初めて海外旅行に行った時とは比べるのが馬鹿らしく

なるくらい快適な方向に進化している。昔、アメリカにスキー修行に行ってた時、飛行機の後方座席でタバコを吸ってる人がいたし、入国審査では必ずと言っていいほど別室に連れていかれたし、結構な確率でロストバゲージになった。今は何もかもスムーズで、空港も住んで良いくらい快適。こうして、まる2日かかった移動も楽しんで、お目当ての国ノルウェーの首都、オスロに到着したのだった。

オスロからロングイェールビーンまでのフライトは明日の9時20分ということで、俺たちはオスロのダウンタウンにあるホステルに1泊して、軽く観光することにしていた。ここでも、貧乏スキー修行時代のことを思い出していた。

北米のどこかの空港での乗り継ぎの時、空港が夜間閉まってしまうので街に出てホテルに泊まらなければならないことがあった。俺が到着した便は夜の便で、乗り継ぎ便は明日の早朝便だ。交通費や宿泊費がもったいないと思った俺は、空港構内の目立たない場所にいれば朝まで過ごせるのでは？ と思ったのだった。今思うと恐ろしくバカである。

案の上、ベンチの隙間で寝ているところを警備員に発見され、空港を追い出される羽目に…。

今はこうして快適に移動して、トランジットでもホテルにステイして観光まで楽しむ余裕があるわけだが、やっぱり、あのような貧乏旅行を若いうちにやっていてよかったとしみじみ思っていた。

若い頃は、とにかく節約して少しでも長く滞在したり、目的地に辿り着くことがとても重要だった。行けばなんとかなるわけで、様々なアクシデントを乗り越えながらの旅は、人生の経験値として集積されていった。若さという特権とでもいおうか。少しでも値切って、時にずる賢く、自分のために旅をする。

人生勉強のために貧乏旅行する将来性のある若者を温かい目で見守り、困った時はサポートしてあげたいと思う人は沢山いると思う。

ただし、いまの俺が若者と同じことをやっていたら、ただの浮浪者か不審者である（笑）。

無駄なことにお金を使う必要はないけれど、使うところにはしっかり使って滞在の質をあげることも大切だし、自分が本当に「ありがとう」という気持ちでお金を使うことで喜ぶ人がいて、その収入によって生活する人がいる。昔はお金をもらう時が嬉しかったけれど、歳を増すにつれてお金を使うことの方が嬉しく感じるようになった。

「いつまでも少年のココロを忘れずに」と思っていた俺だけれど、自然と大人の思考になっていくのだ。

オスロの街は春の陽気で、半袖短パンの姉さんや自転車や電動キックボードで移動する兄さんが目立ち、海辺ではたくさんの人々がのんびり日向ぼっこをして過ごしていた。シーカヤックやヨット、水上サウナを楽しむ姿もある。街を歩きながら缶ビールを飲んでいる人、そして、意外なのはタバコのポイ捨てが驚くほど多かったり…。 北欧といえば上品なイメージを持っていたけれど、かなり緩いというか自由というか。最近の日本はちょっと窮屈になりすぎたかなーなんて考えていた。

これから向かうスバールバル諸島は、ここから遥か北ではあるけれど、オスロでももう少し寒いと思っていたので、雪は大丈夫か少し不安になった。

日本は3月に入って一気に雪解けが進み、予定より1ヶ月ほどクローズが早まるスキー場が続出していたし、ヨーロッパアルプスもシーズン通して雪不足に悩まされていたという。10年前だったら、例年より雪が多いとか少ないとか、そのような言い方をしていたけれど、今は例年という基準が分からなくなってしまった。

我々人間が肌で感じ取れるくらいの気候変動が、今まさに地球上で起きている。

本来は何千年もかけて起こるような変化が数年で起きる場合、それが自然に対して引き起こすインパクトがどれだけ大きいか計り知れない。

環境先進国と言われるノルウェーだけに、街を歩いているとあちこちに環境対策を見てとることができる。例えば、交通に関しては電車や電気自動車が主流で、エンジン音や排ガスが気にならなかった。

テクノロジーとは何のためにあるのだろうか？ と最近思うことがある。そもそも地球は完璧であり、それ以上でもそれ以下でもない。

自然や環境を中心に地球を見た時、人間の存在意義自体に疑問を感じてしまうけれど悲観はしたくない。野生動物にはない「社会」を形成し、平等や平和を試行錯誤しながら、地球環境とどのように共存できるのか。我々人間は、エスカレートし続けた欲求から引き返し、地球にインパクトの少ないインフラと自制心をもったライフスタイルを実現するべく、今までにない進化を遂げなければならないタイミングに差し掛かっている。

おっと、珍しく難しいことを考えてしまったが、脳味噌の栄養分が不足して長続きはしない。

目下の関心事は、さっき飲んだノルウェーの地ビールが美味いことに尽きる。

俺は、2本目のビールの栓を開けてグラスに注ぐと、ビールの泡が弾けて消えてゆくのをぼんやりと眺めていた。

シロクマの王国

オスロを飛び立ってしばらく行くと、大地を覆っていたタイガの森が減り、氷の白が占める割合がどんどん増えてきた。トロムセに一度着陸し、簡単なイミグレーションを済ませて、再び飛行機に乗り込んだ。

「いや〜、マジで遠いわ（笑）」

こんなところに人なんて住めるのか？ と思ってしまうスカンジナビア最北の地から、流氷が浮く北極海をさらに北へ北へ。もうこの先には北極点くらいしかないだろうと思った時、それは雲の隙間から忽然と姿を現した。

「マジかよ…」

まるで、雲の中に天空の城ラピュタを見つけたような、あるはずがないものを発見してしまったような衝撃。

海上に要塞の如く雪山だらけの島が現れたのだ。

あまりの光景に瞬きするのを忘れて、コンタクトレンズがズレてしまった。

飛行機が着陸態勢に入り大きく旋回すると、島をより遠くまで見渡すことができた。

「なんてこった！」

島なんてもんじゃない。遥か彼方まで、氷河と雪山が続く大陸の様相を呈していたのだ。

その広大さを肌で感じた直後に街が見えたのだから、それも一段と衝撃的だった。

「小さっ！」

北緯78度。世界で最も北にある定住地、ロングイェールビーンである。

人が居住するのはこの小さな街だけで、広大なシロクマの国に人間約2,500人が身を寄せ合って生活しているのだ。

「ヤバいところに来ちまった…」

胸が高鳴っているのか胸騒ぎなのか、どっちか分からないけれど、確かに俺の野性の本能がザワザワと騒いでいた。

スバールバル空港に降り立ち、外気に触れた瞬間に体温が一気に奪われた。

「寒ぅぅぅういいいいいぃぃ！」

鼻で息を吸い込むと、鼻毛がチリチリと凍る感覚。

「マイナス23度」と俺は呟いた。長年のスキー活動で身につけた数少ない特技の一つ。

これを俺は鼻毛センサーと呼んでいて、誤差1℃くらいで気温を当てることができるのだ。

それにしても、遠くに来たことをこんなにも肌で感じやすい場所も珍しい。

スキーを背負って色々旅してきたけれど、またしてもとんでもない場所に来てしまった。

俺たちは特大の荷物をタクシーに押し込むと、コンテナが積み上がった港と倉庫が建ち並ぶ殺風景をすり抜けてロングイェールビーンの中心地に向かった。

タクシーから降りた俺たちは、改めて街の周囲をぐるっと見渡して、今日2回目の衝撃を喰らっていた。

世界中のいろいろな街をベースにスキーをしてきたけれど、こんな夢のような環境があっただろうか？ 目の前に美しい湾が広がり、その向こうにどっしりと肩幅の広い雪山が鎮座していた。氷河による侵食によって作られた美しいボウル地形や、硬い地層と軟らかい地層の侵食差によって出来上がった面白い地形。

この山一つを滑るだけでも十分楽しめそうなのに、視野を広げるとさまざまな個性を持った山が果てしなく続いていたのだ。180度向きを変えて内陸方向を見ると、この街がU字谷の中にあることが分かった。そして、その奥に氷河とそれを取り囲む雪山が輝いていた。

「すっげぇ…」圭くんも絶句している。

この街、いやこの島全てが氷河地形であり、俺たちはその中に立っているのだ。

その時、放心状態の俺たちの耳に、聞き覚えがある声が聞こえてきた。

「おー！ 長旅お疲れ様！」

一昨日スバールバル入りしていた大野くんだった。

「イェ〜イ、大野くん！」

さっそく圭くんが歩み寄ってハイタッチを交わしている。前回会ったのは大野くん宅でのホームパーティーの時だった。約束をしてはいたけれど、今こうして地球の果てで再会したことをシンプルに感激していた。

そして、親父たちが再会を喜んでいる姿を見守っている青年が、タケルくんだった。

「おお、タケルくんか！ 色々ありがとう！ よろしくね！」

いつものアツい感じで握手を求めると、ちょっとはにかんだ笑顔を見せて握手に応えてくれた。

俺が最後に彼と会ったのは、彼が小学6年生くらいの時なので、正直顔はうろ覚えだ。

ただ、タケルくんにとって「冒険キッズスキー塾」の思い出は深いようで、俺のことをはっきり覚えていてくれた。

日本人がいない極北の地に留学し、ライフルの免許をとったりスノーモービルで走り回ったりしていると聞いていたから、厳ついタイプをイメージしていたのだが、色白で中性的な雰囲気のとても控えめな青年だった。

しかし、俺たちに必要なのは屈強なガイドではなく、スバールバルのすべてに精通した人だ。そういう意味で、タケルくんはまさに適任と言ってよかった。

どんな分野の質問をしても期待していた2倍くらいの情報が返ってくる。スバールバル大学で色々学んでいるからなんだろうけど、それ以上にタケルくんはスバールバルを気に入っていて、個人的な興味から色々と調べているようだった。

今まで、色々な僻地を旅してきたが、極寒の僻地で印象に残っているのは、グリーンランドと北千島列島だ。
20年くらい前のことだから比較しにくいけれど、当時はどちらも島流しにあったような場所で不便さこの上なかった。グリーンランドの集落（カンガミュート）では下水がないため、トイレの汚物を全てゴミ袋にまとめて毎朝家の前に出さなきゃいけないとか、インターネットに2,000円支払ってできたのはメールを2通送るだけとか…。
今回は、ノルウェー本土から遠く離れた孤島にポツンと一つだけある街だ。当然かなりの不便を強いられるだろうと覚悟していた。
それがどうだろうか？　大学生や研究者が利用する校舎や博物館、学生寮などは真新しくモダンな建物。なんでも売っている大型スーパーや世界中のお酒がずらりと並んだリカーストア。アウトドアショップだけでも5軒あり、お土産ショップやカフェなどが揃った小綺麗なモールまであるときたもんだ。宿泊においても北千島の集落（セベロクリリスク）のようにホームステイしかないような漁師町とは話が違う。世界の富裕層が満足するような高級ホテルをはじめ、たくさんの宿泊施設があるのだ。俺は頭が少し混乱していた。なぜこんな場所（失礼）にこんなに整った街があるんだ？

このような僻地に来ると、真っ先にインフラはどのようにして整備しているんだろうかと考えてしまう。電気、上下水道、ゴミ処理、通信、エネルギー供給…。
この街の主な産業は採炭と観光だが、それらがいかに好調だとしても、人口が少ない僻地の街にこれだけ全て整ったインフラを確保するのは、経済的にも労力的にも効率が悪すぎる。これらを踏まえて、俺はスバールバルはとんでもなく物価が高いに違いないと思っていたのだ。
それがどうだろうか？　スーパーやレストランやアウトドアショップを周って、確かに日本に比べてかなり高いのは間違いなかったけれど、驚くほどの値段かというとノルウェー本土と大差ない金額だったのだ。それともグリーンランドに行った時に比べ俺自身が裕福になったのか？
いや、それだけは絶対にない（笑）。
特に嬉しかったのは、お酒の品揃えが素晴らしいことと、現地にブリュワリーがあって世界最北の地ビールを楽しめることだった。しかし、一つ困ったのは、島の居住者にはアルコール制限が課せられており、観光客の場合も飛行機の搭乗券を提示し、購入した数量をチェックされるようになっている。その制限が1ヶ月で缶ビール20本まで。
それだけ飲めれば十分じゃない？　と思うかもしれないけれど、

俺の場合はそうもいかない。俺がスキートリップでノリノリの時の酒量は、1日あたりビール500ml×2本+ワインフルボトル1本なのであります！（苦笑）
北極圏において、お酒に制限があるところは珍しくない。極夜の時期など精神的に陰鬱になりやすく、ついついアルコールに依存してしまう傾向があるという。特に、生活保護を受けていて昔ながらの伝統的な漁業もやらなくなってしまったグリーンランドのイヌイットは、暇を持て余してアルコールに依存することが問題となり、身分証明書を提示し、1ヶ月で購入できるお酒の量が厳しく制限されていた。ロシアのように制限していない国ではアルコール依存症の人が多く泥酔して凍死するなどの事故も多く社会問題になっている。
今まで色々旅してきたけれど、日本のようにいつでもいくらでもお酒が買える国の方が、稀なのかもしれない。
しかし、この決まり、なぜか制限があるのはビールのみで、ワインやハードリカーにおいては無制限のスッカスカな制限だったのだ。なんかおかしくない？　俺が思うに、ビールを制限しないと、地元ブリュワリーのビールを地元民だけで飲み干してしまうから、制限しているんじゃ？　なんてね。

白い夜

「は〜い、今から朝で〜す」

遮光カーテンを開けながら呟いた。窓の外にスッキリと晴れ渡る空が見えた。極北の4月はほぼ白夜になっていて、深夜でも薄暗くなるだけ。

自分たちで1日のリズムを管理しないと、ずっと時差ボケみたいになってしまう。逆に、無限の体力があれば、バックカントリーツアーから帰ってきて、夕食を食べてから、もう一度バックカントリーツアーに行くという離れ業も可能なのだ。日数はあるので、やりすぎないよう自制しなければ…。

さて、今回俺たちが泊まっている場所は、街の中心から近い集合住宅だ。極北の家は機密性がよく、屋外がマイナス20度以下なのを忘れてしまう。

北海道もそうだけど、ロシアやモンゴルなど寒い場所に住む人たちは部屋の温度が高いのだ。そういえばアイスランド人も北海道人と同様に暖房をつけてアイスをよく食べる国民だったが、きっとスバールバルも同様だろう。

スバールバルには旅行者向けのホテルがいくつもあるけれど、俺たちはまあまあ長く滞在するので費用が嵩んでしまう。俺たちの旅の予算がかなり心細いことを感じ取ったタケルくんが、比較的安価でキッチンもある快適な環境を探してくれたのだ。こうして俺と圭くん、そして、大野くんとのスバールバル滞在がスタートしたのだった。

大野くんと初めて会ったのは、たしか23年ほど前。俺のスキーの師匠である尾形信さんがニセコでラフティング会社のチーフをやることになり、人材が不足していた関係で、ラフティングを1回もやったことがない俺が、いきなりラフティングガイドのアドバンス研修の合宿に参加させられたことがあった。

ラフティング未経験者だった俺は、何らかの爪痕は残さなければと思い、主に夜の宴会を盛り上げることで、ラフティングガイドのコミュニティに存在を知らしめた。

その時、すでにベテランガイドだったのが大野くんだった。それから、俺がトマムで開催していた「冒険キッズスキー塾」に子供を預けてくれたり、テレマークスキーの講習会で一緒になったり、共通の知人がいっぱいいたりして、濃密に関わったことはなかったけれど、たまにどこかでバッタリ会ったりする間柄だった。このように、いつもどこかで掠っている人が、自分にとってキーマンになる人なのかもしれない。

今までいろいろなガイドさんに出会ったけれど、大野くんほどブレていない人は珍しい気がする。関西に生まれ育ったものの、中学生のうちに北海道に住むことを決意。

学校も仕事も、自然に深く関われることを選び、心地よく自然の中にいられる環境に身を置き続けている。アーティストのような雰囲気と滲み出る人の良さ。

アウトドアガイドの夢をそのまま形にしたようなログハウスで素敵な奥さんと暮らしていた。そんな大野くんに、俺はとても興味があり、スバールバルで一緒に過ごし、一緒に滑れることをとても楽しみにしていた。

「よし！ 滑りに行くか！」

と言いたいところなんだけど、タケルくんがいないことにはライフルがないので、どんなに綺麗な雪山が見えていても行くことができない。タケルくんの授業が終わってから、スノーモービルを借りてバックカントリーに行こうと約束していたけれど、日中はポッカリと時間が空いてしまった。

それなら長時間移動の疲れをゆっくり癒せばいいものの、3人揃ってじっとしていられるタイプではない。俺たちはシロクマの境界線すれすれまでハイクアップして、足慣らしをして遊んだ。カラフルな外壁の家々が立ち並ぶ街並みや、炭坑の遺構を見下ろしながら、風で叩かれた硬い斜面にエッジを効かせてスプレーを上げていく。周囲に聳える山々の大斜面に比べたら取るに足らない斜面だけれど、これはこれで楽し

める価値観は、俺も大野くんも共通していた。

大野くんはテレマークスキーにぴったりな人だ。アルペンスキーやスノーボードはそれぞれに優位性があり、魅了される人の気持ちはわかりやすい。しかし、テレマークはアイスバーンを滑るにもパウダーを滑るにも、道具の優位性はアルペンスキーやスノーボードに劣ってしまう。では、なんでテレマークなのって？ テレマークは雪を近く感じ、不安定性や難しさを面白がる遊びだ。大野くんのベースとなるカヌーも同じように、川の流れという不確定要素だらけの中で操作の難しいカヌーを操る遊びだ。高性能なものに飛び付かず、不安定や不便を楽しめる感性の人（ちょっぴりマニアック）がテレマークスキーヤーに多い気がする。

そのような感性の人と遊ぶのは、俺にとってとても心地よかった。

タケルくんの授業が終わったので、待ち合わせて19時にスノービルを借りに行った。街にはチラホラしか人がいないのに、スノーモービルのレンタルショップだけはたくさんの人で賑わっていた。それもそのはず。スバールバルでは、自動車で行けるエリアは僅かだけれど、スノーモービルさえあれば島の隅々まで動き回ることができるのだ。俺はエンジンのついた乗り物はうるさく感じてしまうタイプで、今まで積極的にやることはなかったけれど、スバールバルではその考えはどこかに飛んで行ってしまった。スノーモービルがあるとないとでは、スバールバルでの楽しみは月とスッポンほどに違うのだ。「本当は僕のスノーモービルがあれば、良かったんですけどね」タケルくんが苦笑いしながら言った。タケルくんはあまり感情を表に出さないタイプなので淡々として見えるけれど、実は俺たちが来ることを物凄く楽しみにしていた。スノーモービルまで購入して、島の遠くまでリサーチを重ねてくれていたのだが、ある事件が起こった。大学のパーキング

にスノーモービルを駐めていたところ、他の学生がエンジンを
かけたスノーモービルが暴走。タケルくんのスノーモービル
に衝突し大破してしまったのだ。タケルくんは、自分の大破
したスノーモービルを見るたびに心を痛めていた。そりゃあ
そうである。この場所でスノーモービルは、生活必需品で
あり、遊び道具であり、自由の翼であり、愛しの相棒なのだ。

フィヨルドに注ぐ川の河口はフラットで広大な雪原になって
おり、どこの谷に入って行っても広々とした緩やかな地形
なので、スノーモービル初心者でも安全に移動することが
できる。ただ、シロクマとの遭遇と氷を踏み抜くことだけは
気をつけなければならない。スバールバル大学はフィールド
ワークが多く、まず最初にやる授業が「生きるための授業」だ。
シロクマに出会った時の対処法やライフルの撃ち方。そして、
氷を踏み抜いて海に落下してしまった時の脱出方法や、低
体温症などへの対処方法などを学ぶ。「軍隊の訓練か！」と
ツッコミを入れたくなるけれど、そのようなサバイバル意識
がなければ、この地では暮らしていけないのだ。
ちなみに、過去に学生がシロクマに襲われた痛ましい事故が
あったというが、それ以上に多いのがスノーモービルで氷を
踏み抜く事故だという。氷に30cm以上の厚みがなければ
「行っちゃダメ」という約束にはなっているけれど、それでも
事故は絶えないという。普段の俺たちのようにおっちょこ
ちょいを笑って誤魔化すスタイルは通用しない。
この土地に根付いて頑張っているタケルくんに迷惑をかけない
よう、安全には十分に気をつけなければ。
スノーモービルの操縦について一通り説明を聞き、点検を
済ませてからスノーモービルに乗って宿に荷物を取りに
行った。こうして20時にツアーがスタートした。
それにしても、こんな時間からバックカントリーを滑りに行く
だなんて、どのようにテンションを持っていけば良いのだろうか。

なにしろ、滑り出す時間が深夜12時過ぎになるのだ。
まず、タケルくんが事前に調べてくれていた高い山がある
方面にスノーモービルを走らせた。しかし、10Kmほど内陸に
入ったところで山々に雲が垂れ込んできた。俺たちは作戦を
変更して海側に引き返し、街から湾を挟んだ向かいのエリア
に移動した。半島の裏側に逃げていく太陽を追いかけるよう
にして進んでいくと、トナカイがあっちにもこっちにも現れた。
ずんぐりむっくりで小柄なトナカイはスバールバルトナカイ
という固有種だ。このトナカイは1日中雪の下にある草や
コケを掘って食べ、1日の移動距離がわずか150mなのだと
いう。顔も文字通り草食系だし、こんな寒いのにノンキに
している様は、なんか妙に癒される。
夕日(深夜だけど)が斜面をオレンジ色に染めてきたので、
小高い山に登って撮影を始めることにした。狙っていたような
大きな斜面ではなかったけど、見たこともないロケーション、
滑ったことがない時間帯、一期一会の地形と雪。俺は長期間、
世界の旅に出られなかった時期を思い出しながら、ただ今
ここにいて、1ターンを刻むことのシアワセに酔いしれていた。
手も足も冷え切り、バラクラバをしていても顔を刺すような
寒気。この有り余るくらいの寒さが恵みだと思うのはスキー
ヤーだからだろうか。地球温暖化による環境の変化は、極地
であるほど顕著に現れているという。その変化を少しでも
スキーを通じて感じ、スキーを通じて発信したかった。
スノーモービルで街に帰るついでに、少し足を伸ばして
スバールバル種子貯蔵庫に行ってみた。
ビル・ゲイツが出資した現代版ノアの箱舟は、核戦争や環境
破壊による人類終末の日に備えて、世界中の種子を貯蔵して
いる。もしかして、優秀な人の遺伝子や冷凍保存したビル・
ゲイツのクローンなんかも貯蔵されてるんじゃないの？
SF映画のような妄想は膨らむばかりだ。

ボロ雑巾のように疲れ果て、全て終わって家に着いたのは、
もうすでに早朝4時だった。タケルくんは9時から授業が
あるのに、こんな時間まで付き合ってくれたのだ。
本当はタケルくんにあまり負担をかけたくないし、行きたい
時に行きたい場所に行けるように、プロのガイドを頼みたい
ところだけど、自然保護の観点から以前やっていたヘリ
スキーはなくなり、ここでバックカントリーを本格的にやりたい
人は、ノルウェーやスウェーデンのガイドが移動してくる5月
末以降のガイドツアーを予め予約しなければならない。
世界的に有名なフィンランド人のプロスノーボーダー、アン
ティ・アウティに聞いたら「俺は1年くらい前からガイドや
チャーター船を手配してるよ」だってさ。
スバールバルでは、動物ウォッチングの観光船ツアーに参加
しただけでひとり3万円もするのに、ガイドをスウェーデンなど
から呼び、ボートをチャーターして数週間なんて、一体いくら
かかるのだろうか。同じバックカントリー系のホグロフスライ
ダーとしてつながり、先日北海道を案内したばかりのアン
ティなので、ライダー目線の耳よりな情報を得られると思って
いたのだが、経済的にも社会的にもレベルが違いすぎる。
何せアンティは母国フィンランドにおいて、日本での大谷翔平
のような存在なのだ。
俺たちは今までどおり、誰もがマネできそうなラインを狙って
いこう。
話はすっかり逸れてしまったが、何が言いたいかというと
俺たちにはライフルを携行することができるタケルくんが
頼みの綱だということだ。
宿に帰ってきて、就寝前の早朝ピザを食べながらビールで
乾杯。なんとまぁ、めちゃくちゃなリズムで一日中遊んだも
のだ。まだまだ狙っているライディング写真は撮れていない
けど、俺たちは充実感を全身にたっぷりと浴びていた。

翌日、疲れが溜まっていた俺たちは、予定通りに寝坊をして街へ買い物に出かけた。

今日も天気は良いけれどタケルくんの大学授業があり、バックカントリーに行くことはできないのだ。

ちょっとした冒険家気取りの俺は、大学生のタケルくんがいなければ何もできない自分たちを最初は少し情けなく思っていたけれど、無計画であり予算もあまりない俺たちにとって、間違いなくベストな環境であるわけで、この風変わりな状況を目一杯楽しもうと思った。

世界でも地理的に特徴のあるこの街では、珍しいルールや習慣がいくつも存在する。まず、家の玄関の鍵は締めない。まぁ、日本でも田舎あるあるではあるけれど、スバールバルの場合、そのような習慣ができた理由が特殊なのだ。

野生の王国にポツンとあるロングイェールビーンでは、街中にシロクマが現れて人が襲われるという事故が過去に何件も発生している。そのため、もしシロクマに襲われた時、どこにでも逃げ込めるようにと、玄関の施錠をしない暗黙のルールが出来上がったというわけだ。とはいっても、施錠をしない生活は不用心で心配と思うのが普通の感覚だと思うけれど、この街では、まず空き巣や強盗などの事件は起こらないだろう。何か悪さをして街から逃げようにも、そこはシロクマが生息する野生の王国。また、島から脱出しようにも、飛行機や船に乗り込む間に御用となるだろう。観光客も含めて「この島には良い人しかいない」という信頼関係で成り立っているのだ。ロングイェールビーンで過ごし、色々な人に会った時に感じる穏やかな空気感は、そういう背景があったからなのか。俺は、南米スキー放浪に行った時に立ち寄ったペルーの首都リマでの出来事を思い出していた。

広場のベンチで腰掛けていると、ねっとりと絡みつくような複数の視線。案の定、カメラを盗まれることになってしまったのだが、盗難証明書を発行してもらうために行った警察署で言われた一言が今でも頭から離れない。

「この街では、誰のことも信用してはダメだよ」

もしかして警察のあなたも？ と思ったが、財布を落としても9割の確率で返ってくる日本に住んでいる俺は「人のことを信用できないなんて、なんて悲しいことだ…」と強く思ったものだ。

それがスバールバルの場合「性善説」を本気で信じられる場所なのだ。世界中から人が集まり、人種や民族、宗教や文化といった様々な違いを認め合って、互いに助け合える社会。そんな理想郷が小さな単位ではあるけれど、ここにあった。この独特のウェルカムな雰囲気には他にも理由がある。まず、ビザがなくとも誰でも仕事ができるということ。また、極地中の極地であるため定住する人が少なく、ここで生まれここで亡くなる本当の地元民がいないということ。つまり、先祖代々居住している人がいないので伝統などが生まれず、全員がよそ者なのでフラットな関係が出来上がっているのだ。スバールバルでは、厳しい寒さの影響で土葬しても遺体が分解されないことから、感染症などのウィルスが死体の中でも残り、再感染することを遅れた政府が土葬を許可しないことを決めたという。これがねじ曲がって「死ぬことが違法」と言われるようになったという。現在、火葬場が存在しないスバールバルでは、ノルウェー本土で火葬された後、スバールバルに戻されて埋葬される。また、スバールバルには病院が一つしかなく、一人の医師と数人の看護師しかいないため、出産や手術などはノルウェー本土の病院で対応することがほとんど。こういった事情から、出産や病気の際には必然的にノルウェー本土に帰るため、永住する人が少ないのだ。また「ニートも違法」なんだとか？ 仕事がなければここに住むことができず、失業者はすぐに強制送還になるらしい。誰でもビザなしで働けると聞いていたので「俺も困ったら働けばいいんだ」と軽々しく言っていたけれど、この街で家を見つけることや仕事を見つけることは困難を極めるという。まぁ、色々と大変なことも多いスバールバルだけど、健康でしっかり仕事をしている人しか居住できないということで、非常に健全な社会が出来上がっているのだ。

極北を滑る暮らし

明日からいよいよ土日である。

タケルくんの学校が休みということは、バックカントリーに行ける！

五十路の親父3人が「遊ぼうよ〜」と指を咥えて待ち構えているのだから、タケルくんも大変だ（笑）。

俺たち3人は、明日滑る大斜面をイメージしながら、夢見心地で準備をしていたのだけれど、直前になって不都合な真実が判明した。あんなにたくさんのレンタルモービルがあるというのに、土日はすでに予約でいっぱいというではないか！（オーマイガッ！）

街を歩いていてもそんなに人に会わないので油断をしていたら、どうやら観光の最盛期に突入していたようだ。しかし、圭くんが以前からやりたいと語っていた現地の学生とワイワイ滑る街から最寄りのバックカントリー。やるなら明日がチャンスじゃん！（ナイス切り替え！）

というわけで、俺たちの急な呼びかけに7人の学生が集まってくれた。ノルウェーをはじめ、フランスやオランダ、日本など出身国はいろいろ。スキー用具も滑走レベルもまちまちな稀にみる凸凹隊である。

学生の中には、ガリ勉タイプの青白い顔をした青年の姿も…。街用のリュックサックにくくりつけたスキーがあり得ないくらい傾いていて非常に歩きにくそうである。それに、タケルくんの他にもう一人ライフルを携行しているのが、これまたアウトドアが似合わないインテリ風女子大生ときたもんだ。

「本当に大丈夫だろうか…？」と思っていたけれど、要らぬ心配だったようだ。

スバールバル大学はフィールドワークが多く、体力はもちろん精神的にも逞しくなければ付いて行けない。そのような大学なのを覚悟している若者が世界中から集まっているのだ。

案の定、ひ弱そうに見えた学生たちは、談笑しながら物凄いスピードで歩いて行く。

前日に「日本からプロスキーヤーが来て撮影をする」と聞いた学生たちが、付いて行けるか心配していると聞いていたので「大丈夫。みんなのレベルに合わせるから心配しないで」と伝えていたのだけれど、普段のペースで歩いているのにこっちが置いて行かれてしまう。経験や体力云々ではなく、なんとなく勢いで行けてしまうというのが、若さなのかもしれない。

俺は、19歳の時にスキースクールの先輩方に初めて連れて行かれた羊蹄山での山スキーを思い出していた。座布団のような綿入りウェアを身に纏い、恐ろしく重たい205cmのGSスキーを担ぎ、アルペンブーツでのツボ足で6時間のハイクアップ。何が大変で何が楽なのかも分かっていなかった俺は、もちろんめちゃくちゃ疲れたけれど「こんなもんなんだ」と思っていた。今の方が体力も技術も経験もあるけれど、同じ装備で同じように登れと言われたら全力で断るだろう。若さには「とりあえず行ってみよう」「なんとかなるさ」と思える勢いと危うさを内包した魅力がある。

街のどん詰まりでシール歩行に切り替え、ライフルを持ったメンバーを前後に配置して、スキー登行に不慣れなメンバーをフォローしながら登って行った。緩やかな谷を詰めていくと、難所らしきものは全くなく、いつの間にか氷河の上に立っていた。

「おいおい、これが最寄りのバックカントリーって、贅沢すぎるだろ！」

勉強はからっきしだった俺なので、学生時代に戻りたいと思ったことはなかったのだけれど、スバールバル大学にだけは留学してみたいと強く思った。

氷河地形といえば、懸垂氷河やクレバス、断崖絶壁など、険しいイメージがあるのだけれど、ここは大仏の肉厚な手の平のような穏やかな地形で包まれている。

真っ平らな氷床を詰めていくと、絵に描いたような美しいスロープで視界が覆われていった。緩やかな大斜面の雪質を噛み締めるように高度を上げていく。風紋の凹凸が多少気になるけれど、数日前の風雪で斜面に張り付いた雪の感触は悪くない。キックターンに苦戦するメンバーを励ましながら頂上直下の硬い斜面を登り切れば山頂はすぐそこだ。

そして……。そこには予想以上の展望が広がっていた。

うわ〜〜〜〜〜！！

なんというか、空気と一緒に景色を吸い込みたい気持ちだった。こんなにも透き通った景色はなかなかお目にかかれるものではない。

氷河と山と海の共演によって生まれた神秘である。あまりにも眩しすぎて、危なくあの世に来てしまったのかと誤解するところだった。ところが、学生たちは写真を撮ることもなく、授業間の休憩時間のように談笑しているだけだった。こんなに若くして、この光景を見慣れている彼らが、これを超える景色に出会うのは、なかなか大変なことだと思うが、将来この中の何人かは南極に行き、一人くらいは宇宙に行きそうな気がしていた。

広い山頂で落ち着いて滑走準備を済ませると、「じゃあ、みんな楽しんで！」とプロスキーヤーっぽく振る舞ってから、何ひとつ遮るもののない大斜面をスピードをのせて一気に氷河まで滑り降りて行った。「う〜ん、サイコ〜！！」

その後に、スキーに心得がある3名と、せっかくだからと付いてきてくれた4名が、圭くんのリクエストで一斉に滑り込んできた。滑れるメンバーは遠慮なくすっ飛んでいくし、他のメンバーは無理をして何度も転倒しそうになりながら、アクロバティックなリカバリーを繰り返して滑り降りてくる。こんなカオスのような集団滑走は、なかなか見られるものではない。

「うわ〜！ わ〜！ あぁ〜！」と俺も思わず声を出しまくってしまったが、盛り上がっていることには違いなかった。

何だか楽しくなってきた俺は、即座に登り返して稜線上を
1本。そのあとトラバースして急斜面を1本。貪るように滑る
48歳と、冷静に俺を見て「クレイジーだ…」と言っている20
代の学生たち。親と子くらい年齢が違うのに困ったもんだ。
まぁ、いつも言うけど、そんな自分が嫌いじゃないんだけど
（笑）。帰り道、スキーを滑って宿まで帰って来れた事実に
またしても呆れてしまった。俺がスバールバルの住人だったら、
完全に不眠症になるに違いない。

約1週間行動を共にしていた大野くんが笑顔で帰っていった。今回、大野くんと初めてゆっくり時間を過ごせて、彼の自然に対する愛情や価値観に共感できるものを感じ、心地よい日々を過ごさせてもらった。

また、大野くんとタケルくんの親子関係を見ながら、近い年代の息子を持つ親として色々と思うところがあった。

田舎育ちのタケルくんは、中学を卒業してすぐに親元を離れて学生生活を送っている。親として色々心配事はあると思うけれど、大野くんとタケルくんの間には歳の離れた友人のようなスタンスがあり、互いを尊重する関係が印象的だった。大学受験に失敗し、本当に行きたい大学に進学できなかったタケルくんは、燻っていた時期があったと聞いている。しかし、スバールバル大学に留学することが決まってから、人が変わったように意欲的で逞しく成長したのだという。

こんなにお金がかかる場所での留学は、親の負担も大変なものだと思うが、期待以上の成長で応えているタケルくんを見て、俺まで胸が熱くなるのだった。

大野くんが去って、寂しい部分もあったけど、そんなことを言っていられないくらい快晴で、気温も比較的暖かかった。まさにスキー日和である。タケルくんも早めに授業が終わり、15時くらいから動き出せることになったのだ。

まずは確実に大斜面を1本滑りたいという思いがあった。こっちに来て毎日のように晴れているので、スバールバルの天気はこんなものなのかと思っていたら、いつもはドンヨリしていて風が強い日も多く、モノトーンの日々が続くらしい。もしかしたら、明日からずっと天気が悪いかもしれない。

今日は近場の山に行くので、1台のスノーモービルに2ケツしてスキーヤーを牽引していくスタイルで山に向かうことにした。これで少しは経費を節約することができるが、歩いて帰るのが困難な遠いエリアでは、スノーモービルが故障した

ときのためにバックアップとして2台以上での行動が原則なのだ。今まで色々な山でスノーモービルに牽引された経験がある俺にとって、傾斜が緩く雪面が滑らかなスバールバルは全くのノンストレスで、むしろ牽引されながらウェイクボードのようにターンを楽しめる余裕すらあった。

こうして、あっと言う間にハイクのスタート地点となる沢の出会いに到着した。シロクマの件を除けば、なんという気軽さだろうか。圭くんとタケルくんはカメラ位置を探しに沢のもう少し先から稜線を上がり、俺は広大な沢地形をまっすぐ斜面に向かって登って行った。俺は、腰に巻いている銃をもう一度確認した。「大丈夫、大丈夫…」と根拠なく自分を落ち着かせる。ライフルを持っているタケルくんと離れるときは、威嚇用の信号拳銃を携帯するのだが、この銃には殺傷能力がないため、もし追い払うことができなければ、完全に捕食者と餌の関係になってしまうのだ。ちなみに、横向きのシロクマを撃つことは違法とされており、前向きに襲ってきた時のみ発砲が正当化されるという。そもそも、俺たちが彼らのテリトリーに入りさえしなければ、彼らの命が脅かされることはないのだ。「お互いのために、お願いだから出てこないでね…」そう祈るしかなかった。

高度を徐々に上げながら、まず斜面の大きさに驚き、振り返ると見える海の輝きに感動し、撮影ばかりしてなかなか前に進めない。今まで世界中いろいろ滑ってきたけれど、このロケーションはやばすぎる。ロングイェールビーンから最寄りの山がスノーモービルで簡単にアクセスでき、なめらかな斜面を登り、海岸まで標高差950mを一気に滑走できるわけだ。それに、滑りながら広がる景観も凄まじく、まさに海に飛び込むようなロケーションだった。アイスランドやグリーンランド、アラスカなどで氷河地形を滑ってきたけど、バックカントリーにもっとも適した斜面はスバールバルではないだろうか。アプローチのしやすさ、登りやすさ、滑って楽しい

斜度、ちょうど良い標高差…。

「これはお客さんや友達を連れてきたら喜ぶだろうな〜」

目的の斜面の夕日加減がちょうど良くなるのは20時以降なので、時間調整でゆっくり登っていく。沢の中はパウダーではないもののクラストやパックパウダーが混ざった面白そうなコンディション。シールはしっかり効いたので、斜度が増してきてもクランポンをつかわずに頂上稜線まで出ることができた。風もなく気温も高め。スバールバルに着いた時はマイナス20℃くらいだったので寒さは覚悟していたけれど、気温が高ければ撮影に時間をかけることができるので有難かった。

「よっしゃ！ 行きまっす！」

自分に発破をかけて勢いよく斜面に躍り出た。1ターン目はややクラスト、2ターン目もクラスト気味だけど雪煙の上がる雪だ。「よし！」ギアをひとつ上げ、大きめのターンを引っ張ってウィンドリップのギリギリに右ターンを当て込む。パックパウダー、クラスト、アイスバーン…、標高差があるだけに目まぐるしく雪質が変わり、俺は今までのスキー人生の全ての経験と技術を総動員して、この1本に立ち向かった。

「なぁぁあああ、長い！！」

呼吸法と滑り方を長距離滑走モードに切り替えるが、それでも酸欠状態だ。

今にも筋肉が千切れそうだが、絶対に止まりたくなかった。俺は、冒険スキーヤーで大先生の三浦雄一郎さんの教えを思い出していた。

「どこを滑る時も、山一つ丸ごと滑ることを意識するんだよ」

毎日のように大先生の後を追いかけて滑っていたのは、俺が20歳で大先生が60歳の頃だった。大先生は一度滑り始めると斜面の途中で止まることがなかった。俺は雪質の変化でバランスを崩して何度も転び、息を切らして付いて行くのがやっとだったが、大先生はどんなモナカ雪にも動じず、口笛を

吹きながら滑り続けていた。
「なんてスケールのでっかいスキーをする人なんだろうか」
俺はその時、大先生の底知れない経験値を垣間見た気が
した。それ以降、俺は大先生の教えを一度だって忘れたことは
なかった。
「だああああああ！」
最後の1ターンを終えてスノーモービルの場所まで辿り着くと
気が抜けてバランスを崩し、そのまま雪に倒れ込んだ。斜面を
振り返ると、赤く染まった斜面に一筋のシュプールが刻まれ、
自分の足元まで続いていた。
この満足度だ。長いこと感じていなかったこの感覚。
スキーをしない人にしてみたら、理解しにくいかもしれない
けれど、「自分はこの1本のために生きてきたのかもしれない」
と思うことが少なからずある。そして、いつも自然と口から
溢れる一言がある。
「生きてて良かった」
大袈裟に聞こえるかも知れないけれど、滑るたびに思っている
ことなのだ。
コロナ禍で亡くなった親しいスキーヤーの顔を思い浮かべ
ながら、地球を滑る旅を再開できた幸せを噛み締めていた。

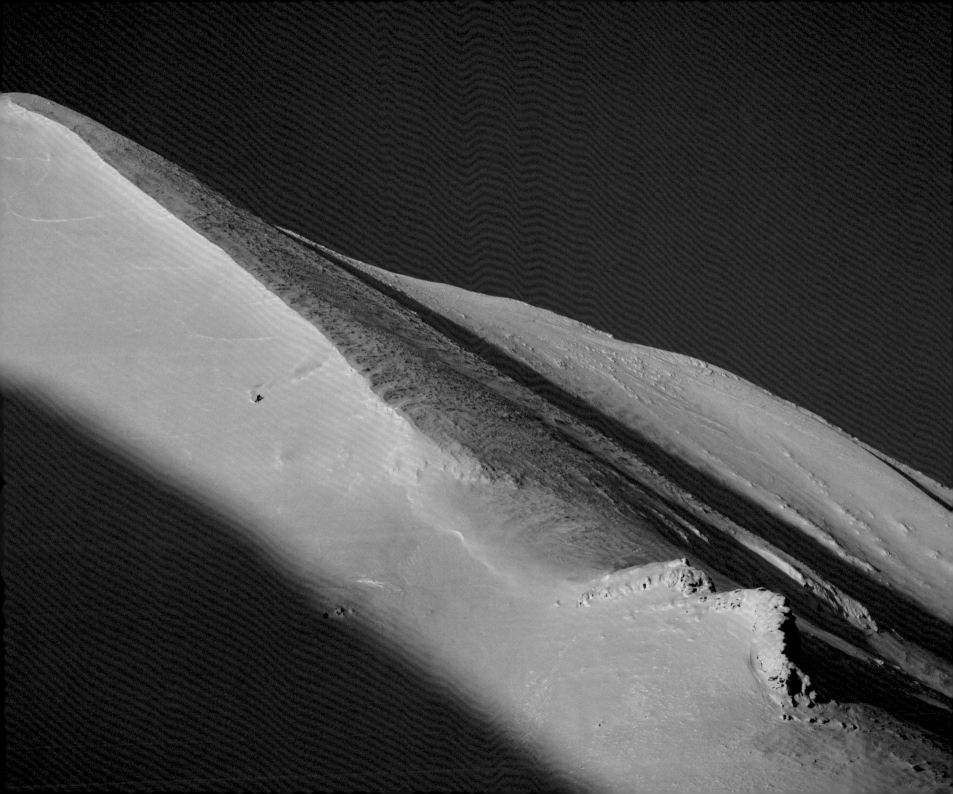

人類最後の楽園

スバールバルに滞在して11日目。
この島の空気に自分の肌がすっかり馴染んでいるのを感じていた。どこへ行くにもスノーモービルが主な交通手段なのも、ちょっとそこまで出かけるのにライフルを背負っていくことも、暇さえあればクロカンやバックカントリースキーで汗を流すことも、金曜の夜は遮光カーテンで闇を演出したBARで酒を飲むことも…。
最初は驚いていたこと全てが、今はとても自然なことのように思えた。今日がスバールバル最後の滑走日になるけれど、やることに変わりはなかった。
朝10時にスノーモービルを借りに行き、エンジン音がうるさいYAMAHAの旧式に跨ると、予約しているライフルを取りに行く。いつも通りアウトドアショップのお姉さんが、まるでカラオケボックスの受付のような軽い感じで「はいどうぞ〜」とライフルを差し出してくれた。このルーティンに慣れてきている自分に気付き、ちょっと可笑しく思えた。自分自身でライフルの免許をとり、自分自身のスノーモービルを購入し、スバールバルのことをもっと学んで、1年くらい滞在することができたら、どんなにか素晴らしい体験ができるだろうか。この厳しい環境にもう1年延長して滞在したいと言っているタケルくんの気持ちが、俺にはよく分かった。

朝方広がっていた雲がどんどん薄くなってきた。気温は高めなので、一昨日から積もった10cmほどの雪の賞味期限は短いだろう。降雪からの快晴をブルーバードというが、スバールバル滑走最終日にブルーバードが待っているとは、人生はドラマチックだ。
タケルくんの後ろに圭くんが跨り、スキーをはいた俺がスノーモービルにトーイングされるスタイル。荷物をくくりつけたり、ロープを固定したりの作業がすっかり板についてきた。シロクマはいないだろうか？ 遥か遠くに視線を凝らす癖も、

スバールバルで身についたことの一つだ。俺たちは広大な谷を突っ切り、内陸にスノーモービルを進めて行った。
圭くんがよく「タケちゃんはどこをやりたい？ イメージある？」と聞くのだけど、こっちも初めて見る山々。選択肢が無数にあってそれぞれがデカいので、例えば対斜面から撮影してオンスロープに移動して…といった小回りが利かない。その辺のピークまで標高差900m。中腹の丘まで登っても標高差400mだ。樹木が全くないこの地では、距離感覚がマヒしまくって、もう何が基準かも分からなくなってしまった。このようなスケールのデカい山々の場合、活躍するのがドローンなんだけど、スバールバルではドローンでの撮影が認められていない。まず、住んでいる人のかなりの割合が研究者や学生であり、環境に対する意識の高さがピカイチだ。ヘリスキーのオペレーションもコロナ以前はやっていたと思うが、今はなくなってしまった。全世界の既知生物の総種数は約175万種と言われているが、その中の1種にしか過ぎない人間の、さらにそのひとつまみの人のために、自然から搾取するような行為は傲慢以外の何物でもないのだ。
そういえば、最近、トムクルーズ主演の『ミッション・インポッシブル』の新作の撮影で、フィルムクルーがスバールバルを訪れていたという。莫大な制作費をかけている大人気映画であるから、その撮影規模は物凄いものだ。数十機のヘリコプターを飛ばしての大がかりな撮影を申請していたが、ノルウェーの当局が出した答えは"NO"だった。シロクマなどの絶滅危惧種が命を繋いでいる環境に軍用ヘリの爆音が響き渡る光景をイメージしてみれば分かるだろう。どれだけお金を提示されようが、それに揺るがない価値観があり、スバールバルは守られている。これから先、スバールバルでのスノーモービルなども制限が厳しくなっていくと言われている。都合が良いかもしれないけど、いま、この地球の神秘が結晶化したような島をスノーモービルで移動し、スキーが

できること。もちろん楽しいことなのだが、俺たちが感じて伝えるべきことはそれだけではない気がしてならなかった。

谷の本流から支流に入り、氷河に向かって内陸に入って行くと、ほどなくして右側に聳り立つ斜面が気になってきた。モービルの後ろに乗っている圭くんも何度も斜面を見上げている。エンジン音で会話はできないけど、お互いの表情で考えが一致していることは明らかだった。
「ここで1本やってみようか？」
雪付きの良い尾根と沢が幾重にも並んでいるフェイスは7割が日陰だったけれど、ちょうど稜線部分が斜光で照らされて浮かび上がり、目を奪われるような美しさだった。光が良いうちに尾根の下部で1本撮影して、その後氷河の方に移動するのが良いかもしれない。俺は、素早く登る準備を済ませ、圭くんと軽く打ち合わせをしてから沢の中を登って行った。
しかし「やっぱり」である。登り始めるてみると斜面の大きさに気付き、3分の1登るのでもかなり時間がかかることが想像できた。それでも少しでも早く滑った方が斜面の光が良さそうだったので、アイスバーンに薄ら積もった新雪の急斜面にスリップするシール登行に悪戦苦闘しながらも高度を上げていった。
黙々と登って最初に打ち合わせていた斜面の上あたりまで高度を上げられたので、無線で圭くんを呼び出した。
「だいたいこれくらいかな？」
すると、圭くんからあっさりした回答が返ってきた。
「そこだと全然下すぎるわ」
確かに圭くんと打ち合わせた斜面に滑り込める高度まで上がったのだが、圭くんも対斜面を少し登ったらしく、そこから見るとかなり上まで登ってもらわないと、長い滑走ラインが残る広い絵が撮れず「もったいない」ということだった。こちらはかなりの急斜面に突入し、シールも1歩1歩スリップする

ような非常に上りにくい状況。その状態でさらに2倍は上らなきゃならないわけで「マジで〜?」と思いながらも、圭くんの無線越しの語気から「これは確実に良い絵が撮れる!」というテンションが伝わってくる。

カメラマンがちょっと強引な要求をしてくるのは、スキーヤーを信頼しているからこそのこと。それに対して頑張った時、今まで数多くの名写真を残してきた。この1本もそのような大切な1本になりそうな予感がしていた。

結構時間はかかったけれど、キックターンするたびに絶景度が増してくるので、それを励みに目的の岩下まで辿り着いた。「今、到着しました。これから準備します!」と圭くんに無線で呼びかけると、

「お疲れさん! どこでも気持ち良く滑ってもらえば大丈夫!」と確信に満ちた言葉。

数日前の極寒が考えられないくらい暖かく、じんわりと額に汗が浮かんでいたけれど、北西向きのこの斜面はまだ雪が守られてドライだった。足元から滑らかな稜線が広がり、そのまま広い谷へとつながっている。

スピードも出せる斜度だけれどコントロールも難しくない程度だし、昨日積もった雪が斜面全体を覆っているので、きっとスプレーも上がるだろう。何度も言うようだけど、本当にスキーをするためにあるような山なのだ。

一度大きく深呼吸し、ロングイェールビーンの街と氷結した湾を見下ろし、その絶景を心にダウンロードする。

こんなに贅沢なスキーがあるだろうか? 滑り出す直前の一瞬に様々な思いが凝縮して押し寄せる。スキーヤーとしての歳月を重ね、経験を重ねながら、俺はこのひと時を何よりも大切にするようになった。

クライミングスキンを剥がし、丁寧にたたんでバックパックにしまい、スキーの滑走面に付いた氷を丹念にスクレーパーで剥がす。スキーブーツのバックルをしっかりと締め、スキー

モードに切り替わっているか、何度もブーツを煽って確認した。ヘルメット装着し、ゴーグルを装着し、バックパックのストラップを確認する。以前は、この作業をしている時も、とにかく早く準備しようと焦っていたけれど、今は急いで数分早く滑り込むよりも、心と身体が整った状態でスタートできることの方が何倍も大切だと思えるようになった。

正直言って、20代の頃、30代の頃とはパフォーマンスは変化している。

20代前半は、今思い出すとゾッとするくらい怖い物知らずのスキーヤーだった。常に限界をプッシュし、まるで人体実験のようにコブ斜面を直滑降し、崖を飛んでいた。転機となったのは、初めて前十字靭帯を損傷した2002年、28歳の時だった。

そこで俺は自分の肉体やメンタルと初めて真正面から向き合った。リハビリが終わってもトレーニングに打ち込み、身体のメカニズムやスキーの技術を研究し、ようやくアスリートらしくなった時期だ。

そして、いざという時は最大火力の瞬発力を発揮するが、普段はスキーテクニックで魅せるタイプに移行していった。そのような時期を長く過ごしながら、40代後半に突入すると最大火力を発揮するシーンが減っていき、次第に長年身体を酷使したことによる不調が見られるようになった。2度再建手術した膝は若干緩い状態で、時折痛みを発するようになり、オフトレでやっていたフットサルではアキレス腱を断裂。若い頃に崖を飛び過ぎた後遺症か、たまに胸骨のあたりが苦しくなることがあった。

それでも、スキーは上達の一途を辿っているから面白い。何をもってスキーが上達したと言うのかにもよるけれど、経験豊かな鍼灸師のように的確に斜面のツボを見極め、無駄のない動きで滑れるようになったのだ。

そして、スキーに大切なメンタルも変化した。

メンタルには強い弱いという基準もあるけれど、安定しているか否かという基準もある。

若い時、強いメンタルを発揮して逆境に打ち勝ったり、常に限界をプッシュする鉄のハートを身に付けた。しかし、それは時に諸刃の剣でもあり、怪我やトラブルなどにより、メンタルが弱ることもあった。

今は、常に限界をプッシュする鉄のハートは無くなったけど、自分を俯瞰してどんな時でも自分を見失わない安定したメンタルを手に入れることができた。それを可能にしたのは、良い意味での開き直りと言おうか。

死ぬわけじゃない…いや、結局はどうせみんな死ぬわけで、この地球において自分の迷いや悩みなど、屁みたいなものだ。親の病気や介護、そして他界。子供の出産や成長、進路の悩み。

その他にもさまざまな障壁や不安、そして葛藤…。さまざまな体験をして、俺は良い意味の諦めを知り、開き直ることを覚えたのだ。

ただヒャッホー! と叫んで、狂ったように滑っていた20代の時は良かったと思う。しかし、俺はいろいろな経験を経て、それでも滑り続けている今が一番充実していると思っていた。

「それじゃあ、いつでも準備万端なんで、そっちもオッケーだったらコールお願いします」
「オッケー。じゃあ、10秒後に行こうか」
「……5秒前、3、2、1、ドロップ！」
最初の1ターン目、雪の表面を撫でるようにミドルターンをしながら、滑走面でできる限り雪から多くの情報を吸収した。
2ターン目、少しスピードを上げ、今度はエッジで雪を削りながら雪と対話していく。
「よし、これなら行ける！」
俺はターンのサイズを上げ、この斜面の大きさに似合ったターン弧をイメージしながら、スピードを上げて行った。稜線上には所々チョコチップ（小さな岩）が散見し、うっすら積もった雪で隠れている岩もあるかもしれない。その辺のリスクも考慮しながら、極力滑らかな雪面を選び、ソフトタッチなターンで仕上げていく。ターンを重ねるたびに集中力が高まり、無駄な意識から開放されていく。それ以上でもそれ以下でもない野生動物に限りなく近い存在として、初めてスバールバルの自然に受け入れられたような。母なる地球に抱きしめられたようなそんな甘味を味わいながら、俺は真っ白く広大な谷底に滑り込んで行った。

この滑走でやっとスバールバルに受け入れられた気持ちになった俺たちは、次々と新しい斜面を見つけ、スノーモービルで移動し、登って滑るという心地よいルーティンを繰り返していった。まるで子供の玩具箱だ。次から次と新たな斜面が現れ、そのどれもが魅力的で目移りしてばかりだ。スノーモービルという文明の力を使っても、到底滑り尽くせないこのエリアの可能性に笑いが止まらなかった。
「なんじゃこりゃ！」何回この言葉が出てきただろうか。
気がつけば太陽はすっかり低くなり、オレンジに色づいて海に沈まずに転がっていく。

時刻はもう22時を回っており、太陽は続いても体力の方が続かない。行動食はとっくに食べ切ったし、水筒も空っぽだ。最後の滑走と決めた尾根を、疲れ切った身体に激を飛ばしながら、ゆっくりと登っていく。隣の稜線上から撮りたいと言っていた圭くんも、同じようにフラフラになりながら登っていることだろう。

スバールバル諸島。
全人類に降りかかった未曾有の危機が開けた時、真っ先に行こうと思った島。
今思えば、今回ほど最高のタイミングはなかったと思う。得体の知れないウィルスに怯え、いつ終わるかも分からない不安に苛まれ、全人類が人間の無力さを少なからず感じたはずだ。
スバールバルには人類終末の日に備えた種子貯蔵庫があり、地球温暖化によって影響を受ける代表的な動物、シロクマが生き生きと生息する島だ。
その土地で、否が応にも地球環境を意識しながら滑っている自分がいた。観光業は人間の欲望とともにエスカレートする傾向にあるが、それに逆行するかのように、人類最後の楽園とでも言うべきスバールバルでは徐々に規制が厳しくなり、観光客への扉を少しずつ閉じようとしている。
飛行機に車にスノーモービルなど、人間の傲慢の象徴のような乗り物を総動員し、野生動物を殺傷することができるライフルを携行している自分自身に呆れるばかりだが、限られた人生を使って、地球の最も生身の姿に触れられた気がしていた。ほぼ無宗教の俺は、神様の存在を信じていないけれど、なぜか自然と手を合わせ、何かに祈っている自分がいた。
「ありがとうスバールバル」
ありきたりな言葉かもしれないけれど、本気で言える。短い生涯で、この地に来れたことを心から幸運に思う。

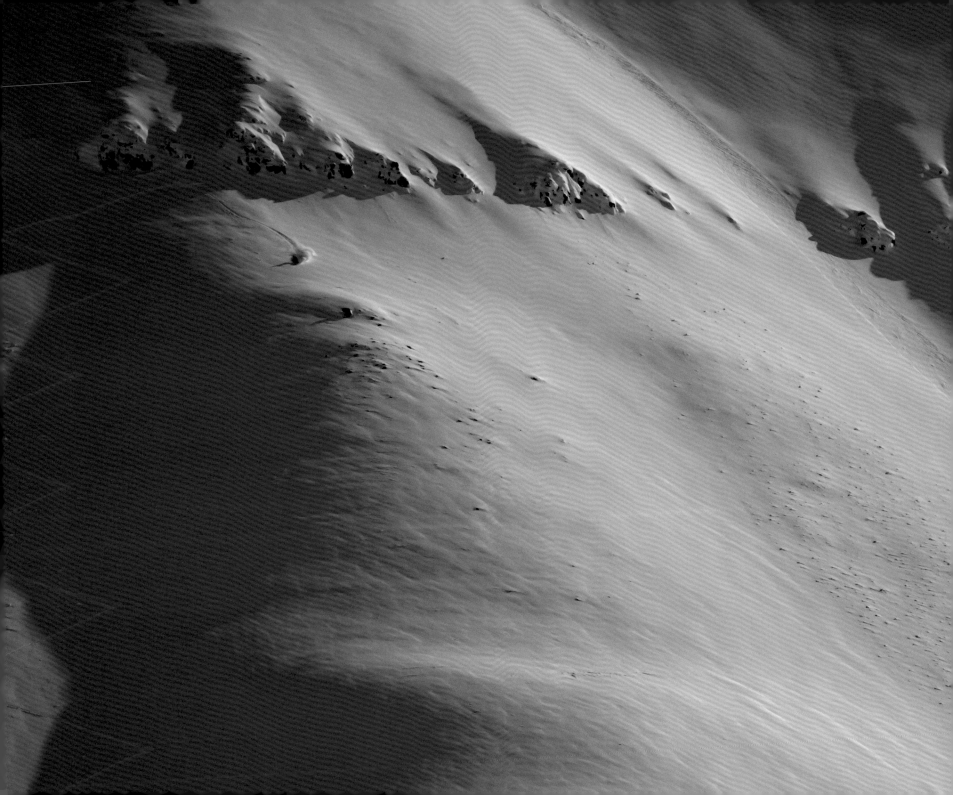

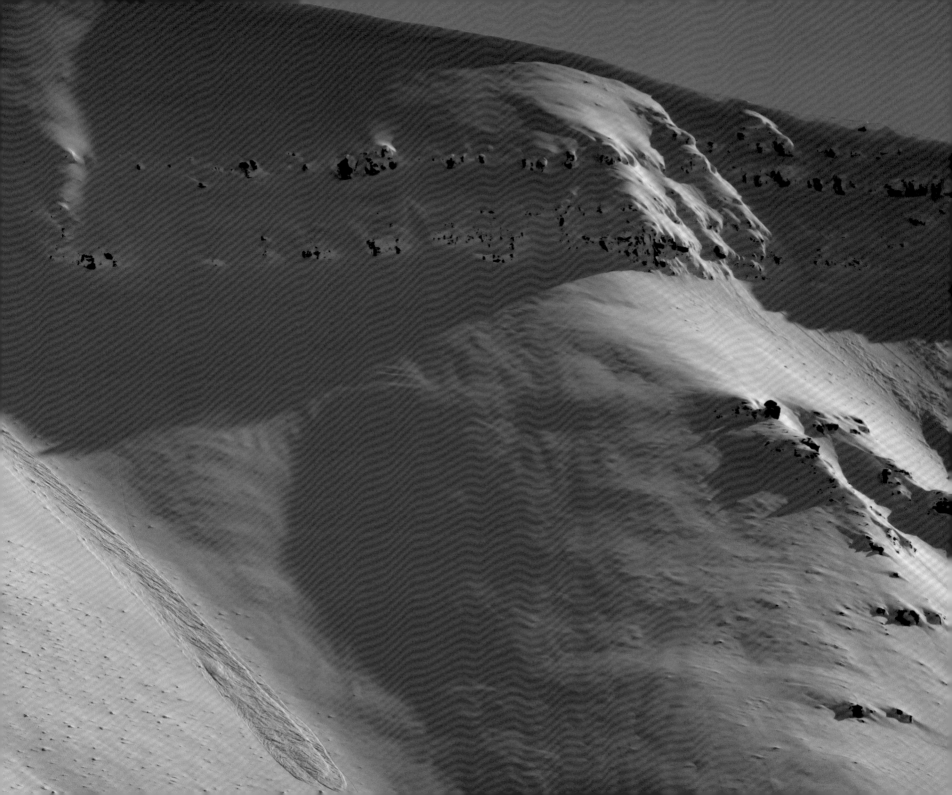

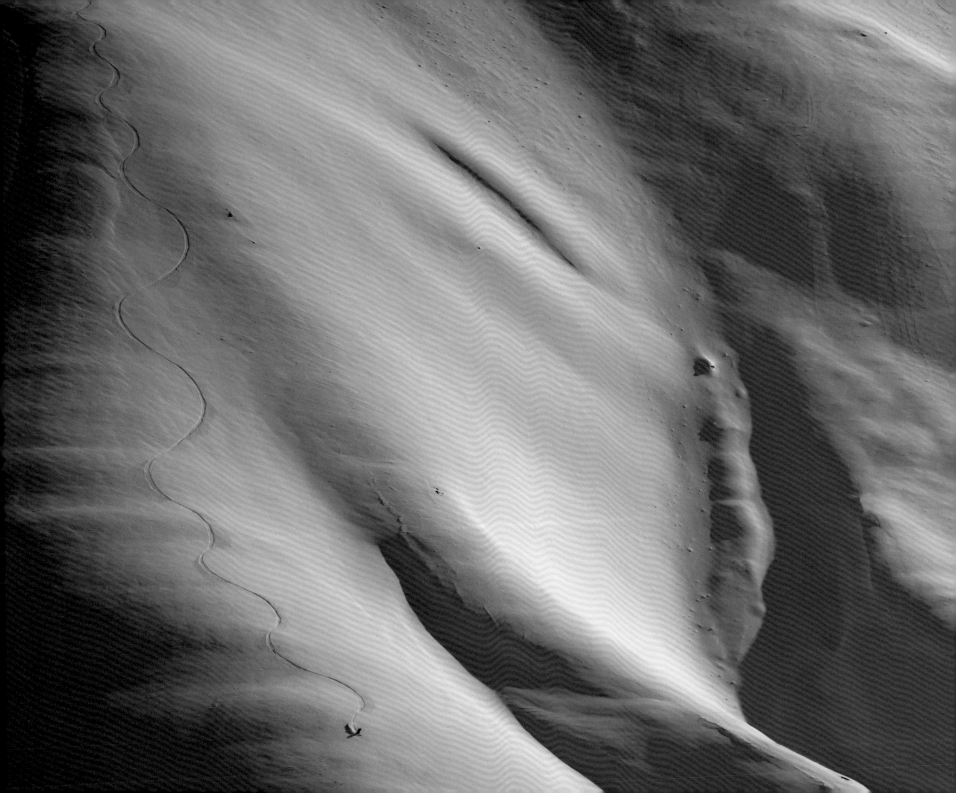

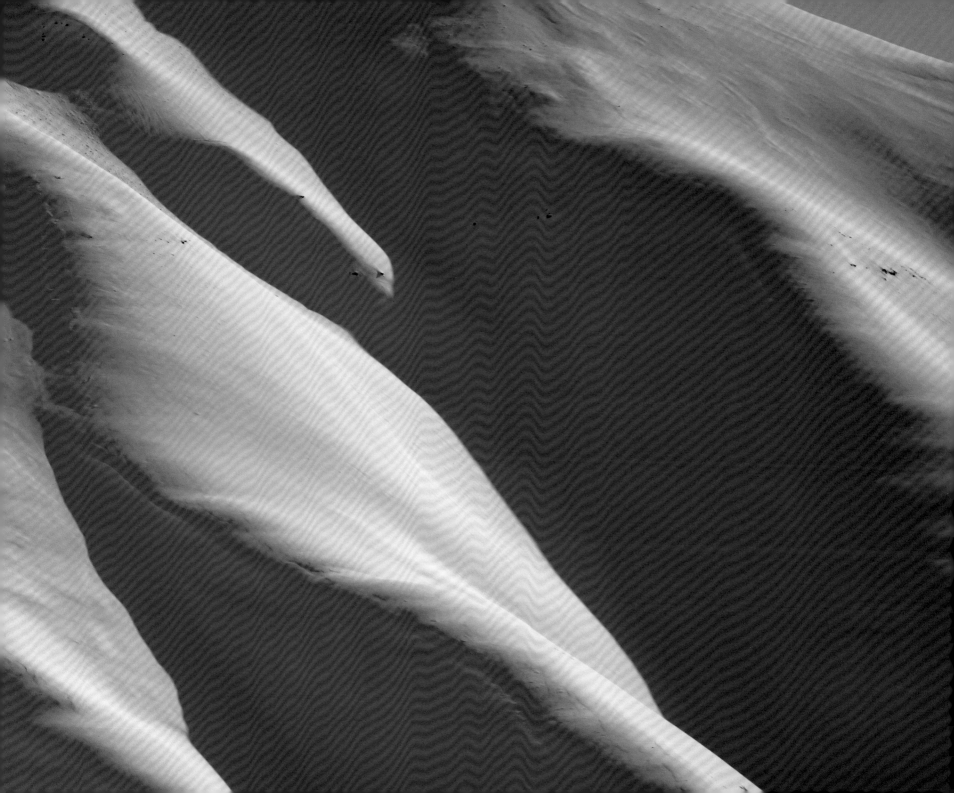

地球の滑り方 とその撮り方　スバールバル諸島とノルウェー

児玉 毅 Takeshi Kodama

プロスキーヤー/フィールドライター

1974年 札幌市出身
スキーを背負って世界を旅するスキーヤー。国内外の難斜面に始まり、世界の極地、高所、僻地などスキー遠征を重ね、これまで滑った国は約30カ国にのぼる。多くの映像作品や雑誌、写真集、TVなどで活動を発表している。

佐藤 圭 keyphoto

フォトグラファー

1972年 札幌市出身
2009年より北海道の上富良野を拠点にし活動。2022年富良野に移住。スキー・スノーボードの撮影をメインにメーカーカタログ、雑誌等で作品を発表。世界各地にカメラバックを背負って飛び回り、国内外問わず多くのライダーとセッションを繰り返す。

旅程表

DAY1 4/17-18 千歳 - 仁川

DAY2 4/18 仁川 - ドバイ - オスロ

DAY3 4/19 オスロ - ロングイェールビーン(スバールバル諸島)
久しぶりの海外、今回はトランジット4回、3日かけてスバールバル諸島ロングイェールビーンへ。先に入っていた大野くん、ロングイェールビーンの大学に留学中の大野くんの息子タケルくんと合流。合流記念に早速地元のレストランでトナカイ料理。

DAY4 4/20 ロングイェールビーン
大野くんが僕らが到着する前に滑ったという「大野ゲレンデ(通称)」で足慣らしファーストライディング。

DAY5 4/21 ロングイェールビーン
スノーモービル、ライフルをレンタルし山へ。いよいよスタートしたスバールバルBCは大きすぎる斜面に圧倒されてしまった。白夜のため時間の感覚が麻痺。帰宅は朝だったけど全然明るい〜。

DAY6 4/22 ロングイェールビーン
タケルくんの大学の友達を誘い、スノーモービルを使わないで山へ。歩いて行ける場所でこの規模?ってくらいのビックスロープに感動!

DAY7 4/23 ロングイェールビーン
クルーズ船ツアー。一番見たかったシロクマは見れなかったけどセイウチなどの野生動物、素晴らしい景色に圧倒された一日。

DAY8 4/24 ロングイェールビーン
タケルくんが学校なので郊外には行けなかったけど、大野くんが滑れる最後の日だったので近場セッション。最初はすごく撮りたいと思ってたトナカイだったけど、近くにたくさんいたりしてちょっと拍子抜け。北海道の鹿みたいなものだからね。

DAY9 4/25 ロングイェールビーン
大野くん帰国。今日は町探検。博物館を巡ったりレストランでディナーしたり、いいリセットになった。

DAY10 4/26 ロングイェールビーン
お昼スタートで、光と影が綺麗な時間を狙いビックフェイスへ。

DAY11 4/27 ロングイェールビーン
滞在中一番天気が悪かった日だったが2人で近場のフェイスへ。ギリギリの天気だが柔らかい光のもとで撮影ができた。

DAY12 4/28 ロングイェールビーン
天気があまり良くないのでデイオフ。明日のラストシューティングに向けて温存(ビール)。

DAY13 4/29 ロングイェールビーン
スバールバル撮影ラストデイ。予報通り最高の天気を当て、夜中12時近くまでラストシューティング。最高のエンディングで締めくくれた。

DAY14 4/30 ロングイェールビーン - オスロ
前日撮影後、帰宅して即パッキング。5時半にはフライト。オスロ空港でレンタカーをゲットし第2ラウンドスタート。街を散策しつつ室内スキー場へ。巨大な室内スキー場には、なんと天井部分にクロカンコースが。

DAY15 5/01 オスロ - ヘムセダル
オスロから約3時間のヘムセダルへ。

DAY16 5/02 ヘムセダル - ソルハイゼン - ベルゲン
偶然道路標識にオリンピックマークを発見し、スキー発祥の地モルゲダールへ。時間が遅く博物館には入れず。

DAY17 5/03 モルゲダール - オスロ-エヴェネス - ナルヴィク
どうしても行きたくてモルゲダールの博物館へ。ゆっくりしたかったけどフライトのため泣く泣く移動。オスロ→エヴェネスへ。

DAY18 5/04 ナルヴィク
要塞のような半島、ナルヴィクへ。スキー場はコースも多くゲレンデサイドのオフピステもかなり充実。海に向かって滑り込むかなーりワイルドないい山でした。

DAY19 5/05 セニヤ島
この旅の最終目的地。想像以上のフィヨルドの景色にやられたタケちゃんがやりたかった絵、クーロワールに一筆書き。

DAY20 5/06 セニヤ島
ノルウェー滑走ラストデイはブルースカイの最高な一日。滑りの後の海辺のレストランまで全てパーフェクトで締めくくれた。

DAY21 5/07- 5/13 ナルヴィク - ストックホルム - ヘルシンキ - 成田 - 千歳
地球を滑る旅はここでおしまいでしたが、haglöfs ski campに参加のため列車でスウェーデンへ。4日間のキャンプを終え全ての行程が終了。寝台列車でストックホルムへ。ストックホルム - ヘルシンキ - 成田 - 千歳で帰国。

SVALBARD LIFE Takeru Ohno

私はスバールバル諸島にあるスバールバル大学に留学しており、オーロラなど物理学の勉強をしています。

このスバールバル諸島にはシロクマがいるため、街を離れる際にライフルの所持が義務付けられています。今回はシロクマからの護衛のため撮影に同行しました。

スバールバル諸島のロングイェールビーンという街は、人口1000人以上の街の中で、世界で最も北にある街として知られています。世界最北のスーパーマーケット、図書館、大学など、あらゆるものの枕詞に世界最北がつきます。そしてこの街には、外出時のライフル携帯、仕事するためのVISAが不要など、ユニークなルールがたくさんあります。

この街の暮らしや大学生活、島の魅力について少し綴りたいと思います。

スバールバル大学に留学すると、最初に行うのが、ライフルの使い方や射撃練習、救命救急など安全に関わることです。この大学は、フィールドワークと呼ばれる、実際に外に出て、データ採取、観察、実験をたくさん行います。

街を離れると、そこはありのままの自然で、道路も標識も整備された登山道もありません。この島には先住民がいないため、人間によって開発されました。そのため、外に出る際は、自分の身を自分で守る必要があるため、安全講習をしっかりと行います。週末は、生徒自身でライフルを借りて、外に出ることが多いです。

大学生活は講義とフィールドワークがメインで、極地ならではの物理学、生物学、地理学などの講義が開講されています。私は物理学に所属しており、オーロラや氷河といった講義を取っています。講義は英語で進められるので、世界各地から生徒が集まります。

日本人は数年に一度いるかいないかなので、知名度としてはものすごく低い留学先ですが、一度滞在した人はまた絶対戻ってくると言われているくらい魅力的な場所です。

私は住んで約1年になりますが、具体的にどんなところが魅力なのか。それは、街の特異性が大きな理由だと考えます。

北緯78度に位置するスバールバル諸島は、冬は極夜と太陽が一度も顔を出さない時期、夏は白夜と太陽が常に降り注ぎます。それぞれ4ヶ月続くため、極夜の時は太陽が全く出ない状況に気が滅入りそうでした。北緯78度はあまりピンとこないかもしれませんが、北極星が水平線から78度の位置にあるという意味です。南極の昭和基地は南緯68度に位置しているため、より地球の極に近い場所と言えます。

4ヶ月続く極夜の時期はオーロラ、白夜の時期は、真っ白の景色を楽しむことができます。5月からは雪も溶け、北極感は無くなってしまいますが、極地ならではの動物や鳥を楽しむことができます。1度の旅行で雪もオーロラも楽しみたい方は2月末くらいが狙い目でしょうか。

しかしこの島は、天気が不安定という悪いところもあります。特に風が強く吹き、無風の日は珍しいです。降水量、降雪量は少ないですが、1ヶ月の半分以上は雲に覆われています。

またライフルを持たないと外に出られないルールもあり、来た当初は自由に動くことができないもどかしさもありました。ライフルの許可証を取得できると話は変わってきます。街のスポーツショップでレンタルしたり、大学が無料で貸してくれるので、いろんな場所に行くことができます。

真夏になると全く雪がなくなり、北極にいるという実感もありませんでしたが、極地ならではの動物を見ることができます。ベルーガやセイウチ、ホッキョクギツネやトナカイがその例です。動物という面から見ても魅力的な場所です。船のツアーに参加すると、クジラやセイウチ、運が良ければシロクマに会うこともできます。スバールバルライチョウもこの島ならではの可愛らしい鳥です。

まだまだ魅力はあります。世界最北のスーパーマーケットやビール工場、博物館など、島に住んでいる人も天気の悪い日には訪れます。ビールは氷河からの水を使っているので、とても美味しいです。

博物館ではスバールバルの歴史に触れることができます。この島に初めてきた人がどんな探検をしていたのか、非常に興味深い内容です。大学でも島の住人向けにスバールバルの歴史についての講義が開講される時期もあり、自由に聞くことができます。炭鉱の街として栄えていた名残が街に多く残っており、50年以上前に使われていたキャビンの残りも街の外にあるので、歴史的な側面からもスバールバルの魅力を語ることができます。

「野生動物」や「壮大な北極の景色」、「ありのままの自然」や「北極点を目指していた探検家の歴史」これらの魅力をスキーやスノーモービル、ハイキングを通して楽しむことができる場所です。

この街の魅力に取り憑かれてしまった人は数えきれないでしょう。皆さんもぜひ一度訪れてみてください。

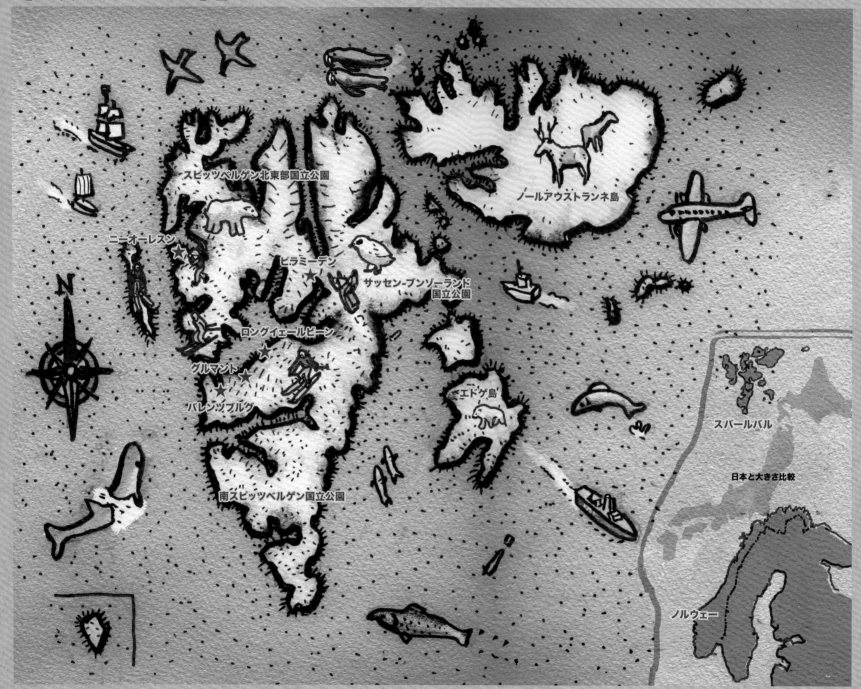

ざっくりスバールバル地理

スピッツベルゲン北東部国立公園

ノールアウストランネ島

ニーオーレスン

ピラミーデン

サッセン-ブンゾーランド
国立公園

ロングイェールビーン

グルマント

エドゲ島

バレンツブルグ

南スピッツベルゲン国立公園

スバールバル

日本と大きさ比較

ノルウェー

ざっくりスバールバル情報

住民：人口約2,600人(6分の1はノルウェー以外の国籍)

地理：北緯78度、東経15度(北極圏に位置)。1年を通じて寒冷で、極地科学の研究拠点として重要とされている。高緯度にあるため、1年の大部分が白夜か極夜になる。(白夜は4/20〜8/23、極夜は10/26〜2/15)そのうち11/11〜1/30は薄明にもならない暗期で、晴れていれば頻繁にオーロラを観測することができる。

動物：ホッキョクギツネ、スバールバルトナカイ、グルマントという3種の陸生哺乳類。ネズミ目の仲間は移入種。海棲哺乳類には鰭脚類やセイウチ、クジラ、イルカ、ホッキョクグマなどが生息。特にホッキョクグマはスバールバル諸島の象徴であり、観光名物の一つ。動物たちは保護されてるが、居留地の外に移動する人々は攻撃から身を守るために適切な威嚇道具を持つことが要求され、銃の携帯も勧められている。

自然：全面積の6割は氷河で覆われ、3割が不毛の岩場であり、残りの1割に植生が見られる。夏の間はスピッツベルゲン島南部のソールカップから北に向かって、雪や氷河に覆われないわずかな区域を除き、スキーが楽しめる。

ロングイェールビーン：1,000人以上の人口を有する町の中では、世界で最も北に位置する町。かつては炭鉱町だったが、現在は観光・教育・研究にも重点が置かれている。周辺には野生動物が生息しており、川、池、湿地などは鳥類の繁殖地となっている。今日では観光、研究、高等教育を含む様々な仕事があり、施設も充実。石炭採掘も盛んで、スヴェアグルヴァに主な炭鉱が移っており、従業員はロングイェールビーンから飛行機で通勤している。町には教会、大学、ホテル、銀行、ATM、病院、幼稚園、図書館、ナイトクラブ、パブ、学校、スーパーマーケット、観光案内所、空港、バス停、港湾、タクシー乗り場、ギャラリー、映画館、水泳プールなど、さまざまな施設が備わっている。

観光：観光客は主に春から夏にかけて訪れ、2月から11月までいくつかの旅行会社が様々なガイドツアーを提供。ノルウェーでは珍しくスノーモービルを特別な許可なしで運転できるため、非常に人気があるが、環境保護のため立ち入りが制限されている場所も多い。

交通：ロングイェールビーン、バレンツブルク、ニーオーレスンにはそれぞれ道路網はあるが、互いにはつながっていない。冬季にはスノーモービルでの移動、海路は通年の移動が可能だ。スバールバル空港からトロムソやオスロへの定期便が就航。年間12万人が利用しており、世界最北の地として誰もが飛行機で訪れることができる。

ざっくりスバールバル歴史年表

1596年 オランダ人探検家のウィレム・バレンツがスバールバル諸島を発見。「スピッツベルゲン」と名付けた。

17世紀前半 スバールバル諸島での捕鯨権を巡りヨーロッパ各国が抗争デンマーク＝ノルウェーとイギリスが領有権を主張したが、実効支配することはなく無主地のまま。

1610年 イギリス人捕鯨家ヨーナス・ポールが遠征し、豊富な鯨を報告。その後、オランダ、バスク地方、フランス、デンマークが捕鯨隊を送り、主に沿岸でホッキョククジラを捕獲。

1663年 オランダの捕鯨船とフランスの軍艦が捕鯨権を巡って海戦。

1707年 オランダの捕鯨家コーネリス・ギレスが初めて諸島を周回航海。

17世紀後半 ロシア人が越冬するようになり、ホッキョクグマやキツネなどを集中して狩猟。

1790年代 ノルウェー人もセイウチ中心の狩猟を続け、初期には沿岸サーミ人がハンメルフェスト周辺から入植。

1795年 サーミ人がロシアの探検隊に案内人として雇われる。

1905年 ノルウェー独立に際して、スバールバル諸島のノルウェー領化にスウェーデンが反対。

1890年代 石炭鉱床が発見されると、スバールバル諸島は北極探検の拠点として注目されるように。

1910年代 諸島に対する主権確立の議論は第一次大戦で一時中断。

1920年 2月9日 スバールバル条約が署名され、ノルウェーに完全な主権が付与。同時に、署名国は漁業、狩猟、および鉱物資源に平等な権利を得ることになった。ソビエト連邦も1924年にこの条約に参加。スピッツベルゲン島へ進出した。

1925年 8月14日 スバールバル法が制定。群島の法的規制が行われた。それにより「スピッツベルゲン」から「スバールバル諸島」に変更し、主島は「スピッツベルゲン島」と定められた。

20世紀〜 石炭採掘が盛んになり、外国企業が進出して定住者が生まれる。これにより、採掘権争いや労働争議などが発生し、法的統治を求める動きが強まる。

第二次大戦後 ノルウェーはロングイェールビーンやニーオーレスンにて石炭鉱業を再開。ソ連側もバレンツブルク、ピラミーデン、グルマントで採炭を始める。

1964年〜 ニーオーレスンは研究の最前線となり、欧州宇宙研究機構の施設が建設される。

1960年 定期チャーター便がノルウェー本土からホテルネセトの飛行場まで就航。

1975年 スバールバル空港にて通年運航が開始。

1993年 直轄株式所有法人としてスバールバル大学(UNIS)が設立され、地域の科学研究促進の拠点となった。

スバールバルあれこれ　words by K:keyphoto T:take

スバールバルライチョウ。世界でもっとも大きなライチョウで、爪以外モフモフの毛に覆われている短い脚がチャームポイント。オスには目の上に赤いトサカがある。長い光待ちの癒しのひと時でした。K

スバールバルトナカイ。山の中や街のすぐそばや、滞在中一番見ることができた。K

氷の上でのんびり昼寝するセイウチ。厳しい自然環境に暮らす野生動物たちに生きるパワーをもらった気がした。K

スバールバルで先発の大野くんと合流初日、ローカルフードのトナカイ料理とご対面。鹿肉の柔らかさは絶品です。あとサーモンはどこで食べてももちろん最高です。K

スバールバルにお寿司屋さんが。普通に全ておいしくって。ガリもわさびもあるし、ビールはアサヒも。少々お高いですが行く価値は大いにあり。オススメです。K

KVIKK LUNSJ クヴィックランシ。スーパーでもどこでも売っているノルウェー版キットカット。K

中心部にあるモール？の中にあるカフェに売っていたチョコレート。パッケージが可愛かったりシロクマの形だったり。値段は…ですがお土産にぜひ。K

なんてことないポテチですが、パッケージがこの島限定の白くまポテチ。ジャケ買いで何度も買ってしまった。K

2015年スタート、世界最北のビール醸造所の"SPITSBERGEN"。2000年前の氷河の水を使って作られているそう。街の酒屋さんで購入可能ですが、せっかくなので「SVALBARD BRYGGERI（スバールバル醸造所）」に併設しているブリュワリーで試飲ツアーに参加。たくさんの種類を飲んでしまい、もちろん酔っ払いましたが、本当に美味かったなー。K

スバールバル世界種子貯蔵庫。日本のテレビで見たことがある人もいるかもですが。ビル・ゲイツ主導のもと、地球上の種子を冷凍保存する世界最大の施設が操業開始。現代版「ノアの箱舟」。あらゆる危機に耐えうるように設計された終末の日に備える北極種子貯蔵庫。K

今回の旅の最重要人物タケルくんと彼女のモエちゃん。彼らがいなかったら僕らのスバルバールライフはほぼ何もできなかったです。タケルくんはスバルバール大学に留学中。ていうかここに大学があるなんて。詳しくは前出のコラム「スバールバルライフ」をご覧ください。K

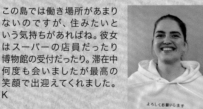

この島では働き場所があまりないのですが、住みたいという気持ちがあればね。彼女はスーパーの店員だったり博物館の受付だったり。滞在中何度も会いましたが最高の笑顔で出迎えてくれました。K

タケルくんの大学のお友達と1日山に。多分相当優秀なみんなですが、やっぱり山が好き！ スキーが好き！ 女子大生が保温のために自分の靴下で水筒に被せているって、シュールで素敵でした。K

この島は、永住する人が少ないみたいで、アジア、ヨーロッパ、アメリカなどなどさまざまな国の人たちが住んでいます。言葉はみんな違うけどみんなフレンドリーでいい出会いがたくさんでした。K

スバールバル撮影でのマストアイテム、ライフル。シロクマ対策で、これがないと街から出ることも禁止されているこの島。ツーリストが容易にレンタルすることはできないので、今回はタケルくんが一緒に動いてくれたことで充実した撮影ができました。幸い使うことはなかったですがやっぱり怖いですね、シロクマは。K

撮影でライフルともう一つのマストなのがスノーモービル。冬季限定ですが、街中の移動では車よりも大活躍。この島では車の数よりも多かった。日本の運転免許と国際免許があれば借りることができます。が、近年規制も厳しくなってきてるそうで今後の利用には確認が必要になってきそうです。K

ノルウェーあれこれ

アンティークディフェンダー！世界の各地で車の写真を撮るのは、この旅の趣味みたいなものなのだ。T

日本でもやればいいのになー、このスタイル。滞在中何度も食べたヨーグルト。蓋の中にシリアルが入っていてこぼさずに中に入れて食べられる優れもの。スプーンも付属でお得感マックス！K

バラカオ（干し鱈トマト煮込み）というノルウェーの家庭料理。タラを一回干してから調理すると、こんなに旨みが凝縮するんだね。なまら美味い！T

いつもはあまりやらないことにも挑戦、奮発してボートツアーに参加。残念ながらシロクマには出会えなかったけど、海から眺める山々や氷河は圧巻の一言。T

TIGER SUSHIという名の中華料理屋（笑）。この町で1番の人気店で激混み。それもそのはず、味は抜群。アジア飯はどこでも大人気でした。K

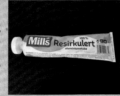

歯磨きペーストにしか見えないけれど、キャビア（タラコ？）のペースト。久々に食べてみたら微妙だった。T

釣り人が集うレストランにて、いかつい兄さんが美味しいビールを注いでくれた。ノルウェー産のエビやサーモンに舌鼓を打ちながらのビールは…もう感動の溜息。T

日本でもお馴染みのノルウェーワッフル。ハートが繋がったような可愛いビジュアルと、もちもちした食感。日本人にも好まれる一品。T

正直言って、料理のバリエーションが多いとは言えないノルウェーでは、結局気軽に食べられるハンバーガーやホットドックを食べてしまう。T

最北のスケートランプ！雪が溶けたら、これで楽しむ人もいるんだね。T

ベルゲンのちょっと高級なレストラン。あまりやっている場所もなくふらっと入ったお店でしたがハズレなし。ここでもやはりサーモンが絶品でした。あ、もちろんビールもね。K

こっちに来たら一度は挑戦してもいいのかなーと思っていた世界一くさい缶詰シュールストレミングではありません（笑）。あれはほぼ食べることはできないらしいです。いろんな缶詰たちに出会いましたが味は普通に美味しかったです。K

Real Turmat
日本で言うオニシのアルファ米。ほとんどのアウトドアショップやスーパーで買うことができます。グルテンフリーや乳糖フリーですが種類も豊富味も最高！K

緑に乏しいスバールバルでは、観葉植物や花は貴重品だけれど大人気。日本は緑に恵まれているから、渇望感を感じたことはないけれど、砂漠や氷の民は緑を強く欲するのだ。T

北欧建築の家。日本でもスウェーデンハウスなど北欧の家などが人気ですが、やはり本場は違いますね。色も形も様々だけど風景に溶け込んだカラフルさが本当に素敵でした。K

オスロのジャンプ競技場にあるスキーシミュレーター。子供たちやファミリーが喜んで利用していたけれど、五十路男がペアで利用するのはちょっと恥ずかしく、遠慮してしまった。T

街の小ささと釣り合わないスーパーマーケット。お陰様で充実した滞在になりました。T

ビートルを見つけるとついつい撮影してしまう。この本のデザイナーがビートルのオーナーなので、ビートルの写真の採用率が高いのだ。T

ノルウェーは、レンタル自転車はほぼなくてこの電動キックボードのレンタルが主流。どの町でも借りることができます。何台あるんだろうっていうくらいどの町でも見かけました。K

スバールバル諸島とノルウェー本土スキーなう

SVALBARD スキー場がないので、全てのエリアがバックカントリー。夢のようなロケーションでのワイルドなスキー滑走は、スキー人生のハイライトになること間違いなし！

1. スキーエリア

スバールバル諸島は人よりもシロクマの方が多いので、郊外に出るときはライフルを携帯するか、所持する人の同行が必要。つまりバックカントリーに滑りに行く時もこれが必須だ。ツーリストがすぐに借りことは難しいのでツアーに参加することが現実的。街からシールハイクで行けるトロルシュタンネン（標高850m）などのツアーがお手軽だけど、スノーモービルやボートを使ったツアーもアレンジしてくれる（費用は高い）。ヨットでアプローチしてバックカントリーを滑るツアーもあるので、それを利用するのもオススメ。ロングイェールビーン集合解散11日間のトリップが約120万円…。スキーに最適な時期は4月上旬〜6月初旬。早い時期だとスノーモービルでどこでも行けるけれど寒さが厳しく、海が氷結しているためボートでアクセスできる山域が限られてしまう。逆に遅い時期になるとスノーモービルが使えなくなるため、街から近いエリアで手軽に滑るのが難しくなってくる。多分、我々が行った時期（4月中旬〜5月初め）がベストだと思う。そういえば、最近になってロングイェールビーンの裏山にスキーリフトを建設中なんだとか？ 完成すれば世界最北のスキー場…。（また行かないと？）

2.スノーモービル

街からすぐ近くに見えるけれど実際はかなり距離があり、一部の山を除いて歩いていくのは非現実的。スノーモービルのレンタルが盛んで、日本の運転免許と国際免許があれば簡単な手続きで借りることができる。全身の防寒着をレンタルできるが、スキー用で対応する場合は、スノーモービルはスキーの2倍寒いと思って厳重な防寒をしていこう。聞いた話によると、今後ライフルとスノーモービルのレンタルの規制が厳しくなってくるとのこと。個人で自由に動くことは困難になってくるみたいなので、まずは早めに行くこと。そして、確実に滑りたい！ という人はガイドカンパニーのツアーに参加することを強くオススメしたい。
あと、島で売っている「Ski touring in Svalbard」も参考までに。

NORWAY 〜main land
国土全体に点在する個性的なスキー場と広大なバックカントリーエリア。スキーの歴史と大自然に触れるスキーパラダイス！

世界でスキー場の数は日本がダントツの1位で540ケ所。しかし、冬季五輪で最も金メダルを獲得しているノルウェーをあなどるべからず！ 人口あたりのスキー場数はノルウェーが1位なのだ（日本は13位）。ノルウェー各地にスキー場が点在しているけれど、やはり人口が多いオスロ近郊に多くのスキー場がある。今回はオスロ近郊とナルヴィクやロフォーテン、リンゲンアルプスなどがある北部を訪れたが、ロードトリップ中にも小さなスキー場がたくさん見られた。
ノルウェーはスキーの発祥地として知られており、「スキー」の語源は古ノルド語の「スキッド」。ノルウェーの人々はスキーの発明を誇りに思っており、長い間伝統的なスポーツとして親しまれてきた。ノルウェーでスキーが発展したのには地理的条件が大きく影響している。まず、高緯度に位置するため、他のヨーロッパ諸国よりもスキーシーズンが長い。そして、ノルウェーは緯度は高いけれど、暖流のメキシコ湾流が沿岸を流れる恩恵を受けるので、緯度のわりには温暖で快適。海から湿った空気が流れ込むため、降雪量も豊富なのだ（暖流の影響を受けない北極圏は北海道よりもずっと寒いが）。また、スカンジナビア山脈に囲まれているため、スキーに適した地形が豊富にあり、多くのスキーリゾートが開発された。
ノルウェーのスキーリゾートは最高の斜面はもちろん、美しい山々の風景が楽しめると観光客にも大人気だ。バリエーション豊富な宿泊施設、スキースクール、リフトなどの施設が整備され「さすがはスキー王国」と唸らせるスキー環境。スキーだけではなく、スノーシューでのハイキングから犬ぞりなど多様なプログラムや、子供向けの町やアイスバーなど、家族で楽しむのに最適な条件が整えられている。
特に人気のあるスキーリゾートは、リレハンメル、トリシル、最古のゲイロ、ヘムセダル、極地ナルヴィクなど。

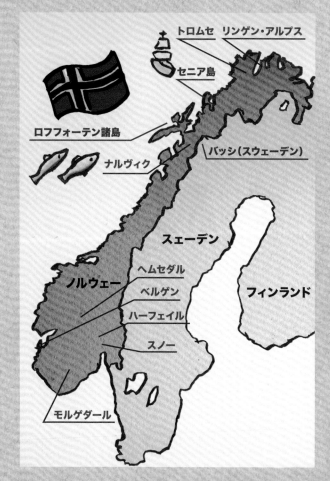

トロムセ　リンゲン・アルプス
セニア島
ロフフォーテン諸島
バッシ（スウェーデン）
ナルヴィク
スェーデン
ノルウェー　ヘムセダル
ベルゲン
ハーフェイル
スノー
フィンランド
モルゲダール

◆ NARVIC / ナルヴィク

ナルヴィクは北極圏を越えた2つのフィヨルドに挟まれた街。ここに位置するリゾートは大西洋を望むことができ、街に飛び込むようなロケーションは圧巻のひとこと。極夜にはオーロラを望むこともできる。15のスロープ・ゴンドラがあり、スキーシーズンは11月から5月上旬。初心者向けのシンプルなゲレンデから、天然地形が残された急斜面まで完備。アクセスイージーで広大なバックカントリーエリアはワイルドで刺激満点！

◆ SNØ / スノー

オスロの中心から北に車で約15分の場所にある巨大な室内スキー場。
頂上付近はやや細いスロープになっており、降りるにつれてコース幅が広がり、約500m滑ることができる。パークも充実しており大小のキッカーやレールなども設置。さすが北欧！ と思ったのが、天井からクロスカントリーのトラックが吊るされており、1.5Kmに及ぶ周回できるトラックが設置されていること！ アイスクライミングやカーリングも楽しむことができ、レストラン、バー、フィットネスセンター、宿泊施設、レンタル、ATOMICセンターも併設している、まさにスノースポーツのテーマパークだ。

◆ HEMSEDAL / ヘムセダル

ヘムセダルは、オスロとベルゲンの中間あたりに位置するスキー場。
この辺りはスカンジナビアアルプスとして知られており、トッテン(1450m)、ティンデン(1444m)、ロジン（1370m）の3つの山々で構成されたスキーリゾートだ。このリゾートはノルウェーで最高の評価を受けており、初心者から上級者まであらゆるレベルのスキーヤーが楽しむことができる。リゾートにはショップ、レストラン、バー、フィットネスセンターなどの設備が整っており、快適な滞在をサポート。また、犬ぞりやスノーモービルに乗って近隣を散策したり、クロスカントリースキーを楽しむこともできる。
色々なスキー場に行ったけれど、スキー客の滑走レベルが高く、活気がある素晴らしいスキー場だ。個人的に上級者にオススメしたいのが、スキー場トップから滑り込めるパックボウル。急斜面をロング滑走して、簡単に初心者用の迂回コースに合流することができる。

◆ HAFJELL / ハーフィエル

リレハンメル駅から車で15分。1994年の冬季オリンピックでアルペンスキー競技が開催されたスキー場。リレハンメルオリンピックは、質素で飾らないオリンピックとも言われ、環境保全を重要視した最初のオリンピックとして歴史に名を刻んでいる。30年も前からSDGsに取り組んでいる、最先端のスキー場なのだ。緩斜面の主体の標高差800mの広大なゲレンデは、ファミリーや初心者に大人気。索道は、ゴンドラ1、チェアリフト4、サーフェイス10と全部で15基、コース延長距離も44Kmとなかなかの規模だ。全体的に伐採林のコースなので、バックカントリースキーを楽しみたい人には、ちょっと不向きかもしれない。日本のスキー場と違うのは、350Kmのクロスカントリーコースが2レーン備えられていることだ（さすがはノルディックスキー王国！）。

西方見聞録

スバールバルからオスロに着いて、俺たちは抜け殻のようだった。究極の町、究極のライフスタイル、究極の景観、究極の山々を全身で受け止め、ある意味ショック症状を起こしていたのかもしれない。宇宙飛行士は地球に帰ってから宗教に走る人が多いと聞いたことがある。宇宙に行ったことはないけれど、その気持ちが今なら少しわかる気がする。

そんな状態でレンタカーを借り、オスロの街に繰り出した俺たちが最初にっ向かった先は、巨大な屋内スキー場『SNØ』（スノー）であった。

行くにしたって順番が逆だろう！（笑）

野生から来た俺たちは感受性が高くなっていたようで、見るもの全てに驚愕しっぱなしだった。入口すぐにいきなりアトミックのサービスセンター（APC）があり、本格的な場所だと予感する。施設内には品揃え豊富なアウトドアショップやスキーショップ、オシャレなカフェやスポーツジムもある。肝心の滑走施設だが、これがまさにスノースポーツのテーマパーク！パークが充実した500mのスキーコースが３コース、コース脇には手軽なカーリング場やアイスクライミングのウォールまである。極めつけは天井から吊るされたクロスカントリーのコース！もう開いた口が塞がらない！今の俺たちには違う意味で刺激が強すぎ「ノルウェー、パねぇ…」という衝撃だけが胸に刻まれた。

実は俺、恥ずかしながらザウスを滑ったことがないのだ。いつでも滑れると思って行かなかったら突然なくなってしまい、強い後悔の念を抱いていた。バブルの象徴のひとつであるザウスは、当時の日本のスキーブームを象徴する屋内スキー施設でもあり、海外のスキーヤーから尊敬されたりバカにされたりしていた。俺が昔憧れていた伝説のエクストリームスキーヤーであるスコット・シュミットがまさかのザウスで怪我をするという事件もあり「行ってみたかった」と未だに思う

ことがあったのだ。そんなこんなで、屋内スキー場といったら狭山しか滑ったことのない俺は、最新のスノーマシーンが作り出した雪の滑りやすさに感動したのだった。これならば十分すぎるくらい楽しむことができるはずだ。ただし、スバールバルの直後だけはダメだ（笑）。

『SNØ』で頭が混乱しながら次に俺たちが向かった先は、町外れの高台にそびえるジャンプ競技場である。このあたりは札幌でいうと円山や宮の森のような高級住宅街になっており、しきりにランナーやサイクリストがヒルクライムしていく。ジャンプ競技場は観光地であると同時に地元民の憩いの場となっていて、公園のように使われていた。ジャンプのスタート台からはジップラインで滑り降りてくる人、観客席の階段を走ってトレーニングする人。こういった風景からも、ウィンタースポーツが身近にあるという共通の意識をノルウェー人の大多数が持ち合わせていることが窺えた。

オスロでの用事はこれにて終了し、オスロから西部のフィヨルドと世界遺産の街ベルゲンを目指しドライブ開始だ。久々に海外のロードトリップということで大いにワクワクしていたんだけど、高速道路に上がるところが通行止めで迂回している時に、歩道の小さな段差を降りた瞬間、リアのバンパーがガッツリ割れてしまった。自前のハイエースなら全然大丈夫なのだが、今回借りたカローラのツーリングワゴンは燃費が良くて乗り心地も申し分ないのだが、いかんせん車高が低すぎるのだ。一瞬テンションが下がったけれど、俺は「車をぶつけても10秒で忘れる特技」を発動。

嫌なことはすぐに忘れて良いことばかり覚えている俺は、まさにノーテンキという言葉がピッタリだ。こうして順調な？ドライブを続け、ベルゲン方向に３時間半ほど走ったスキーリゾート、ヘムセダルに投宿したのであった。

今回の地球を滑る旅、本来ならばオスロから始めて、ナルビィク、スバールバルと北上していくのが理想だった。それが、スバールバルに行くきっかけになった大野くんの予定に合わせたかったことと、旅が終わってから立ち寄ることが決まっているスウェーデンでのHaglöfs ski campにスムーズに移行したかったことで、自ずと日程が組み上がった。ただ、日程を組んでから気づいたのだけれど、オスロに戻ってくる頃はスキー場の営業が終わる時期で、雪の状況によってはクローズしているかもしれなかった。

というわけで、ヘムセダルの営業最終日に滑り込めたのは、本当にラッキーだった。

さて、日本でほとんど知られていないヘムセダルスキー場だが、正直言って驚きまくっていた。コースバリエーションの豊かさ、十分な標高差と滑走距離、パークや常設のナスターレースなどの充実ぶり。山頂エリアから広大なバックカントリーにアクセスし簡単に帰ってこれるレイアウトなど、全てのジャンル、全てのレベルのゲストが満足できるスキー場だった。特に感心したのが、若い利用者が非常に多く、物凄くレベルが高かったこと。この環境で滑ってりゃ、そりゃ上手くもなるわな。日本でも「山がスキーヤーを育てる」と思えるスキー場がいくつかある。北海道でいえばテイネやニセコ。本州ならば白馬や野沢温泉など。なんとなく立ち寄ったスキー場がこのレベルだっただけに、スキー王国ノルウェーの底力を思い知らせた気がした。

地球を滑る旅では、世界中のスキー文化に触れることが、物凄く大切なミッションになっている。レバノンやモロッコなど、スキーのイメージが乏しいエリアでの非日常的なスキーとその文化は確かに興味深いものだったけど、スキー先進国であり、歴史のあるノルウェーのスキー文化に触れることで、自分がもっとも生きがいを感じ、世界中の人々を魅了してやまないスキーの本質に近づけるような気がしていた。

幼い子供たちを連れているファミリーの姿。友達みんなで夢中になって滑っているフリースタイル系の若者グループ。マイペースで楽しんでいる高齢スキーヤー。アルペンレースの練習に励む選手たち…。スキー場は笑顔と活気に満ち溢れ、見ているだけで嬉しくなってくる。

俺は、地球を滑る旅、第5回目の旅で行ったロシアのことを思い出していた。

ロシアのスキー場で一緒に滑ったみんなの笑顔。あのとき、さまざまな重たい歴史を越えて、若い世代が雪山を一緒に滑ることに、この上なくシンプルな幸せを感じ、喜びをシェアし互いを祝福しあえることが本当に嬉しかった。ロシアとウクライナの戦争は当事者だけの問題ではなく、世界の歴史の歪みから生まれた吹き出もの。人種、民族、宗教、国家…。様々な理由で人は区別され、争ってきた黒い歴史がある。

「あの時のみんなはスキーを楽しめているだろうか」

貧困問題や戦争など、当事者にしか痛みは分からないが、全人類が同時に直面した危機を体験して、我々は成長しなかったのだろうか？

当たり前のことだけど、我々全ての生命体は地球という一緒の船に乗り合わせたバディなのだ。

「本当に良いスキー場だな〜」とシンプルにスキー滑走を楽しみながら、俺はちょっとだけ思うところがあった。もし、ひとつだけこのスキー場に助言をするとしたら「ヘムセダル」は少なくとも日本人には流行らなそうな名前だということだ。スキー場の名前って、やっぱり大事だと思うのだ。

かっこいい名前で言うと、サースフェーやビッグスカイ、ジャクソンホールとか？

名前を聞いただけでワクワクするけれど、ヘムセダルでは…（余計なお世話だって？）。

ヘムセダルでの滑走を終え、俺たちは歴史のある美しい港町として有名なベルゲンへと車を走らせた。途中に現れた全長

25kmというとんでもないトンネルをくぐると、徐々に切り立った崖が両脇にそそり立ってきた。いくつかの湖を越えると、その先はフィヨルド。どうやって行っていいか分からないサマーハウスが水辺や丘の上に目立ち始めた。ノルウェーの人たちは、住みやすさよりも景観の素晴らしさを重視する人が多いようだ。家の色合いや形は周囲の自然や街並みとのバランスを考えて伝統的な様式で建てられる。景観は共通の財産だという感性は、今の日本人が失ってしまったものだと思うのだ。

ベルゲンに着くと宿の周りが石畳の道路になっていて、歴史の中に入りこんだ気分になった。明日は美しい倉庫群や街並みで称賛されるベルゲンをゆっくり散歩しようではないか。

SKI-SIMULATOR
- experience downhill skiing at 130 km/h
and ski jumping at 100 km/h

スキーの聖地

スキー発祥の地は諸説あり、最も古いスキーの壁画が残っているのは、中国の新疆ウイグル自治区にあるアルタイだ。

この壁画と、今もアルタイに住んでいる古代スキー職人に会うべく旅をしたのが、地球を滑る旅、第7回目の旅だった。人間の知恵とは面白いもので、主に狩猟や移動の手段としてのスキーが、中央アジアや極東、アラスカ、北欧など、宿命的に厳しい冬に向き合わなければならない複数の地域で生まれている。なので、スキーの源流はいくつかあるというわけだ。その中でも、スキーのルーツを語る上で本流となるのがノルウェーだ。

世界で最もスキーが盛んなヨーロッパで、古代からスキーが使用されていたスカンジナビア半島。最初は現在のスキーのような細長い板状ではなく、雪上を歩くための「かんじき」のような形状だった。その後、より接地面との抵抗を減らすためにソリ状に改良され、850年頃にはノルウェーの戦争でスキー部隊ができるほど、戦争においても雪上の移動手段として活用されていた。北欧神話には、スキーの神様ウルと、スキーの女神スカジが登場する。日本で言ったら、ヤマトタケルノミコトがスキーを履いてるみたいな？ 神話からもスキーがどれだけ文化に深く入っているかを窺い知ることができる。

長い間、移動手段として使われていたスキーに大きな変化が訪れるのは、かなり後のこと。1800年代にノルウェーのテレマーク地方の子供達の遊びとして親しまれるようになったのだ。この頃から現在のスキーに見られるようなジャンプやスラロームが取り入れられている。1860年には、ノルウェー人のソンドレ・ノルハイムがビンディングを開発し、これがノルディックスキー（つま先だけが固定されているスキーのスタイル）の発祥とされている。

ベルゲンからオスロに帰る途中、「この辺の山々、雪は多いし山容も穏やかだし、スキーに良さそうなエリアだね～」などと車窓を楽しみながら、今日ステイする宿を目指していた。

「よく調べていないけど、確かこのへんがテレマーク地方なんじゃないかな？ もしかしたら、途中にスキー発祥の地とかがあるかもね～」

俺たちの旅は、目的地を決め過ぎないのがスタイルである。何気なく旅をして、偶然出会えた時、それが必要な出会いだったと思っている。だから、意図的に観光地に赴くことは少なかった。有名なスキー博物館があるとは聞いているけれど、俺は博物館で得る情報よりも、その地域の自然や暮らしなどに、本当のヒントが隠されていると思っていた。

そんなことを考えていた時だった。しばらく何か考え込んでいた様子だった圭くんが、突然真剣な表情で話し始めた。

「タケちゃん、さっき、道路脇に五輪マークの看板があったの気付いた？」

「え？ ちょっと気付かなかったけど、何かありそうだった？」

「う～ん、俺の勘でしかないんだけど、すごく重要な場所を通り過ぎてきちゃったような気がするんだよね」

「通り過ぎてから結構進んできちゃったけど…。どうする？」

「ごめん、引き返してもらっても良い？」

踵を返して走ること15分。道路脇に五輪のマークと、お世辞にも上手とは言えないクラシックなスキーの絵が…。そこから右折して橋を渡り、少し進んでいくと、そこに現れたのはスキー博物館だった。

「……！！」

よく見てみると、モルゲダールと書いている。近代スキー発祥の地であり、世界で最も価値があるスキー博物館がある、まさにスキーの聖地ではないか！ 思わず通過してしまうほど、さりげない看板と飾り気ない施設が、スキーヤーにとって最も価値がある文化遺産なのだ。

ということは、博物館の前で、スキーを持っている銅像は…

「ソンドレ・ノルハイム！ 近代スキーの父！！」

スキーのルーツを辿る旅とか謳っているのだから、ちっとは調べておけよ！ って感じだが、セルフ・サプライズで感動している俺たち。スキーの神様が、俺たちをここに連れてきてくれた。そう思っていた。と言っても、すでに夕方で営業時間が終わっていたんだけど（笑）。

運命を感じたのには理由があった。何も調べずにたまたま辿り着いた博物館であるが、ずっと冬季休業中だったらしく、何と昨日営業を再開したばかりだったのだ。

「スキー博物館なのに、なんで冬季休業？」

ノルウェーを訪れたけれど、モルゲダールは見られなかったと言う人が多いのは、まさかスキーシーズンに博物館が休業ということが理由だったとは！ てなわけで、今までさんざん「もっと早い時期に来るべきだったね」と言っていた俺たちの旅が、まさに今がベストだったと確信を持って言えるようになったのだった。

「タケちゃん、明日の営業開始時間に合わせて、もう一回来てもいいかな」

「当たり前じゃん！」

今まさに近代スキー発祥の地にいるという事実を認識しただけで、何だか無性にこの土地に親しみを覚え、好感が持てるのだから俺たちも調子が良い。

偶然見つけた小さな宿は、農家の優しいおじさんが趣味で営んでいる可愛いロッジだった。故郷から遠く離れた近代スキー発祥の地なのだけれど、俺は、何だか北海道に似た空気を感じていた。自然も、人も、空気も…言葉で表すことは難しいけれど、そこはかとない居心地のよさとでも言おうか…。こうして、静かに夜が更けていった。

翌日、まっすぐに博物館を訪れた俺たちは、魔法にかけられたようだった。言葉は半分も解さなかったけれど、ソンドレ・ノルハイムのストーリーを一人芝居のように語る女性に引き込まれ、展示に引き込まれ、古い映像に引き込まれていった。気がつけば、俺は、ソンドレ・ノルハイムになりきって、当時の彼の心情を想像していた。というのも、ソンドレの出生や生き様が実に人間臭く、まさに元祖スキーバカとでも言うべき人物で、そんな彼にスキー仲間のような親しみを覚えたからだった。ソンドレ・ノルハイムは、1825年にモルゲダールの地に小作農の子として生まれた。

食べるものにも困るくらい貧しい生活をしていたノルハイム家にとって、冬の寒さはさぞかしこたえたことだろう。ただ、ソンドレは遊び心を持っていた。

彼は、雪の上の移動手段に過ぎなかったスキーを改良し、屋根の上から飛んでみたり、急な斜面を滑ってみたり、来る日も来る日も新しいアイディアでスキーを滑って過ごした。今は「近代スキーの父」として崇められているソンドレだけど、当時の彼は家庭を顧みず、仕事も中途半端で、いつもスキーのことばかり考えていたという。そして、テレマークターンという技術を生み出し、より回転性の良いサイドカーブをつけた板を発案。1867年にはスキーはノルウェーの国技として定められ、翌年開催されたフーセビーバッケンのスキー大会に出場するため、モルゲダールの自宅からスキーで何日間もかけて移動。見事優勝を果たすのであった。

その後、ソンドレ・ノルハイムによって、最新のスキー技術とスキー用具を身に付けたモルゲダールの選手が多くの大会で勝利を独占するようになった。やがてスキーやスラロームといったノルウェー語が世界中に広がっていった。

しかし、彼の功績が世界に認められるようになったのは、亡くなってかなり経ってからのこと。ソンドレは生涯を通して貧しく、晩年は息子の勧めもありアメリカに移住。

決して順風満帆な人生ではなかった。

スキーは人類最高の発明だと思っている俺にとって、裕福な貴族の暇つぶしで考えられた遊びではなかったことが、なんとも嬉しく感じられてならなかった。

もしソンドレが生まれ変わって俺たちと同じ年代に生きていたら、間違いなく最高のスキー仲間になれるはずだ。

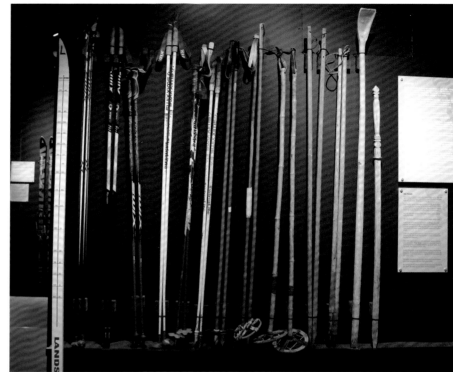

再び北極圏へ

オスロから西部での「スキーのルーツを辿る旅」を終えた俺たちは、ノルウェーらしいフィヨルドでのスキーを楽しむため、再び北極圏に飛んできた。
ノルウェーでバックカントリースキーを楽しむならば、ナルヴィク空港からのロフォーテン諸島やトロムセ空港からのリンゲンアルプスが有名なのだが、俺たちは日本人に馴染みのないセニア島という穴場を狙っていた。ナルヴィク空港でレンタカーを借り、10年ほど前に訪れたことがあって良い印象を持っているナルヴィクスキー場でひと滑りし、そこからセニア島に移動して旅のフィナーレを迎える計画だ。

さっそく朝からナルヴィクスキー場で滑ろうと思っていたのだが、なんと13時から営業開始だという。明後日にはスキー場はクローズすると聞いているけれど、だからといって欲張らずのんびり営業といったところか。
結構な規模のスキー場なのに大きな駐車場がなかったので、俺たちはどこがスキー場のセンターなのかわからず、スキー場ベースを右往左往していた。そろそろ営業が開始だと思うけど他にお客さんの姿はないので、とりあえず適当に車を停めて滑る準備を進めた。すると、俺たちの車の横に使い込んだバンが停車し、そこから降りてきた人懐っこい初老の男性に声をかけられた。
カーレという名のこの男性はフィンランド人で、ここ1ヶ月間スキーとサーフィンを携えてノルウェーを旅しているという。
車の中を見せてもらったら、まさしくカー団地スタイル。このように自由なライフスタイルを楽しむ、ハッピーなオーラに満ち溢れた人が世界各地にいるのだ。
「今日は僕の今シーズンで一番いい雪だよ」
そう言ってカーレはひと足先にゴンドラ乗り場に歩いて行った。
確かに昨日まとまった降雪があったようだけど、もう

スキー場もクローズの時期だ。きっとリップサービスなんだろう。前回訪れた時はなかった10人乗りゴンドラに乗り込み、一気に高度を上げていく。そこからさらに山頂に向かうペアリフトに乗り継いでスキー場トップを目指した。スキー場の中央にある中斜面では、アルペンスキーチームがポールを張ってトレーニングしており、その横には本格的なパークもある。
ノルウェーのスキー場は明らかに客層が違った。例えば世界的なスキーリゾートであるカナダのウィスラーやアメリカのベイル、スイスのツェルマットなどは、初めて雪を見る人からプロスキーヤーまで幅広い客層が集まっている。一方ノルウェーも素晴らしいスキー場が多いけれど、海外から滑りに来るお客さんが少なく、ほとんどが地元のお客さんなのだ。なので、全体のスキーレベルが非常に高く、子供や選手が練習するための環境が充実しまくっていた。物理的に雪とスキーが身近な環境とアウトドアでの活動や運動を好む国民性もあり、「スキーをするのはあたりまえ」という空気が人々の生活に漂っている。一朝一夕で真似ることのできないスキー文化の厚みとでも言おうか…。懐かしさを覚えながら奥のエリアで滑り、正面のエリアでも景観を楽しみながら1本。
ちょっと滑っただけで、10年前に感じたナルヴィクに対する好印象は間違っていなかったと確信していた。海と街に飛び込むようなロケーション、急斜面が多めの滑りごたえ十分のコースと、広大でワイルドなバックボウル。そうだ、よく考えると、俺のホームマウンテンであるテイネにそっくりではないか。

車に戻ると、ちょうどカーレも休憩のために戻ってきたところだった。
「よかったら俺の車にコーヒーでも飲みに来ないか?」
世界中のスキーヤーと繋がりたい俺たちにとって、このような招待は一番のギフトだ。
「本当? ぜひぜひ!」
カーレは嬉しそうに俺たちをキャンパー仕様の車内に招き入れ、どのように生活しているか説明してくれた。スキーとスノーボードとサーフィンをこよなく愛し、気ままに旅をするスタイル。年齢はちょうど60歳とのことで、仕事をリタイヤしてゆっくり時間をかけて旅をしているのかもしれないし、若い頃からヒッピースタイルを貫いてきたのかもしれない。カーレの地元はほとんど山がなく、自宅前のちょっとした坂で滑っているんだとか。インスタで繋がって彼のタイムラインを見てみたら、家の前にポコジャンを作って、せっせとグラブの練習をしている動画が投稿されていた。60歳とは思えない少年のような心。本当に微笑ましく、こっちまで幸せな気持ちになった。
まず、スキーヤーにとって雪があり山があるだけでハッピーだ。そこに様々な魅力となる要素が加わってくる。積雪量が多いとか、雪質が良いとか、滑走標高差が大きいとか、広大なエリアを滑れるとか。しかし、スキー先進国の北欧と言えども、必ずしも恵まれた場所ばかりではないのだ。俺の地元である札幌は約200万人が住む大都市でありながら、1時間圏内に10ものスキー場があり、標高が低いにもかかわらず、世界ブランドである最上質の粉雪「JAPOW」がひっきりなしに降り積もる魔法のような場所だ。それに加えて、日本特有の文化があり、世界に誇る美味しい食事や温泉など、様々な観光資源に恵まれている。さらにいうと、清潔で安全でリーズナブル。これら全てが揃っているときたもんだ。

北欧に住んでいるスキーヤーで日本に行ったことがない人は、口を揃えて「日本で滑るのが夢」と言い、行ったことがある人は、気に入り過ぎて毎年のように通ってしまうのだ。そういえば、俺がまだ三浦雄一郎さんのスキースクールに所属していた20代のころ、雄一郎さんがテイネを滑りながら「やっぱりここは世界一のスキー場だよ」と言っているのをよく耳にした。俺は、雄一郎さんはリップサービスとして大袈裟に言っているのだと思っていた。しかし、今は自分自身が同じようなことを口にしている（笑）。

カーレが淹れてくれたコーヒーを飲み終えると、俺たちは連絡先を交換した。国籍も年齢も違うけれど、スキーを通じて繋がった縁。俺はこのような縁を決して忘れない。今はSNSで繋がり、彼らが今何をしているのか知ることができたり、また再び会うチャンスを作りやすくなっている。行き当たりばったりで一期一会の出会いを楽しんでいた青春時代を懐かしく思う。あの頃、旅先で人と別れる時、よく涙が流れたものだ。もう会うことがないかもしれない。未知との遭遇を求めて旅をする俺たちの場合、再会する可能性は限りなくゼロに近かったからだ。

よく「旅の恥はかき捨て」というけれど、もう会わないかもしれない相手に礼を尽くし、親切に振る舞うことに人間の温かみを感じ、人の本質はそういう時こそ滲み出るものだと俺は思っており、それが自分を旅にかき立てる一つの大きな要素になっている。

カーレが再びスキーの準備を済ませ、ゴンドラ乗り場に歩いていく姿を見送りながら、「本当にスキーが好きなんだなぁ」と呟き、微笑んでいる自分がいた。

感じるのは昔のように惜別の念ではなく「繋がっている」と思える清々しい別れだった。SNSが普及したことで、何かと味気なくなることが多いと思っていたけれど、これはこれで良いかもしれない（笑）。

「さぁ、旅の最終章に移りますか」
圭くんとハイタッチを交わすと、俺たちは最後の目的地、
セニア島に向けてドライブを開始した。

風・光・明・媚

旅の締めくくりには最適な場所だと思っていた。
スバールバルを除いてノルウェーで2番目に大きいこの島は、日本人にはほとんど知られていないが、ノルウェーで見られる自然地形のほぼ全てを兼ね備えた多様性を持ち、「ノルウェーの縮図」と言われることもある。北欧の人に「セニア島に行く」と伝えると、みんなパッと表情が明るくなり「素敵ね〜！」と言うところを見ると、とても愛されている場所なのだろう。最近、日本のコアな滑り手の間でロフォーテン諸島が流行っている。フィヨルド地形の穏やかな海に鋭く切り立った山々が浮かぶ、世界で最も美しい場所の一つと言われるエリアだ。しかし、流行っていると興味を失ってしまうのが俺と圭くんなのだ。生きにくい性格だと思うが、だからこそ、地球を滑る旅は個性的な旅になっているのだ。

気温は高めだったけど、時折降りしきる雪。
念のためスキーの準備をして、ロケハンメインでドライブすることにした。セニア島に渡る巨大なアーチ橋を越えると、すぐに秘境感が出てくると思っていたけれど、しばらくは普通の街並みが続いた。10分くらい進むと人里を離れ、広大な谷の両脇に遠く真っ白な山々が見えてきた。この辺だとロフォーテン諸島のイメージが強かったので、険しい岩山とクーロワールばかりだと思ったら、セニア島は比較的穏やかな山々も多いようだ。さらにフィヨルドに近づいていくと、今度は氷河に侵食された垂直の黒い岩肌が目立つようになった。期待感と緊張感が高まっていき、ハンドルを握る手に力が入る。セニア島で有名な眺望ポイントに向かう途中、峠道を越える時に、右手の岩山に深く入り組んだ細長いクーロワールを発見した。なにしろ、最初に目に入ったクーロワールだから、ここが良いのか悪いのか判断がつかないし、思いつきでやるにはあまりにも危険なライン

だ。でも、スバールバルやオスロ西部で撮影を重ねてきて、このエリアで撮りたい絵がかなり明確に絞られていた。岩が多く、欲を言えばタイトで長いクーロワール。もしかしてここなのか？
しかし、なんと俺としたことが、ホテルの部屋に無線機を忘れてきてしまった。今日は天気が悪かったので「たぶんやらないと思うけど」という甘さがあったのだろう。だから、準備に気持ちが入っておらず、確認もしていなかった。
「圭くん、すまん…」
それでも圭くんは「取りに帰って戻ってきたら、多分もっと天気良くなってるよ」と慰めてくれた。せめてもの救いはほぼ白夜なので撮影時間に余裕があることだ。上手くいけばクーロワールに西陽が差し込むかもしれない。
こうして、再びクーロワールに戻ってきたのが18時。俺たちは無言で手際良く準備を済ませてクーロワールに向かって行った。
昨日から降っている湿雪がよくグリップしてシール登行しやすいんだけど、急斜面滑走となると不安要素も多い。しかし、ありがたいことに下の固い雪とのくっつきは良く、大規模な雪崩にはならなそうだ。ただ、スラフ（流雪）に追いかけられる狭いクーロワールだから、足をとられて岩に激突したり足をひねったりするリスクは大いにあった。岩溝の入り口から、予想通り斜度が一気に増した。湿雪の深さがあるので、アイゼンを装着せずにステップを切っていく。両サイドを高い壁が聳り立ち、否が応にも自分の世界に集中できる。この感覚は嫌いじゃない。俺は2013年に変態冒険野郎集団「なまら癖-X」の仲間と行ったグリーンランドを思い出していた。辺境の地で何日もシーカヤックで移動し、さらにキャンプを上げてようやくありついた斜面が美しいクーロワールだった。クーロワールを滑る時は、滑ることで発生したスラフ（流雪）との駆け引きが肝だ。

スラフを先に行かせるか、スラフよりも先に降りるのか…この二択で滑りの次元がまったく変わってくるのだ。グリーンランドのときは、雪質、斜度、クーロワールの長さと広さなど、シチュエーションを熟考して、スラフより先に行けると判断し、スピードをあげて一気に滑り抜けた。しかし、今回のクーロワールは一筋縄ではいかなそうだ。斜度がきつく狭い上に、太腿までの湿雪が積もっており、ドロドロのスラフが1ターンごとに発生するだろう。だからといってスピードをあげて一気に切り抜けるにはコントロールが難しい雪で、転倒のリスクがかなり色濃かった。
さてさて、クーロワールを登るのに手こずった俺は、圭くんをかなり待たせてしまうと思っていた。しかし、圭くんはカメラ位置に決めていた対斜面の稜線に向かっていたが、かなりのアイスバーンで登りきることができず、さらにはフラットライトで下るのも大変で右往左往していた。かなりハイペースで登り大汗をかいていた俺は、スキーの準備を万端に済ませた状態で1時間以上待つことになった。
超急斜面で横幅3m程度のクーロワールに張り付いているので身体を動かすこともできず、汗冷えして全身がガクガク震える。ようやく圭くんがカメラ位置に移動できたと思ったら、今度は雪雲が入ってきて天気待ちときたもんだ。1本の滑りのために様々な苦労をし、撮影となればさらに面倒なことがつきまとう。でも、だからこそ印象に残る1本になり、その1本を記録できることはプロスキーヤー冥利に尽きるのである。
大学生のときスキーに没頭していた俺は、どうしても就職するイメージが湧かず、プロスキーヤーを志すことになった。生涯スキーヤーの代名詞と言ってもよい三浦敬三さん、冒険スキーヤーで稼業はスキーと言ってのける三浦雄一郎さん、偉大な先生の元に集まってきたスキーに情熱を傾ける先輩や仲間に恵まれ、俺は何の不安もなくスキーに没頭し

ていった。誰よりもスキーが大好きであれば、自然と仕事になってくるはずだ。驚くなかれ、俺はこのとき、スキーでどのようにお金を生み出してよいのかさっぱり分かっていなかったのに、自信満々で「プロスキーヤーになる！」と言っていた。あのとき、猛反対した親父とお袋の気持ちは、親になった今なら痛いほど分かる。大学まで行かせてもらっておきながら、就職せずに当面はドカタでお金をためてアメリカにスキー武者修行の旅に行くとかほざいているのだ。

それから様々なバイトでお金を貯めながら、スキー修行や冒険に行く日々が始まり、ようやくアルバイトをしなくてもスキーだけの収入でなんとかなるようになったのが5年後のこと。結局一度も社会人にならずしてここまできてしまった。

今は吹っ切れている。極端な人生を歩んでいるからこそ、描くことができる何かがあるはずだ。

雪雲が去ってようやく滑り込む時がきた。ドローンが飛び、スチールカメラの準備もOK。様々なリスクはあるけれど、対処するイメージに迷いはなかった。俺は滑り出すときは全ての恐怖心から解放される。そこで集中できないのは「虫の知らせ」であり、そのときは滑走をやめるかラインを変えるようにしているのだ。1ターン目で雪質を感じ、2ターン目で右のバンクに当て込む。斜度のキツさによるGを強く感じ、かなりブレーキ系のターンになった。すると、積もっている深い湿雪がドッと勢いよく落ちていき、少し待ってスラフを先に行かせた。狭いセクションが続き、もう一度同じように数ターン。やはりスラフが早いし、この斜度と雪質でスピードを上げれば、多分破綻するだろう。慎重に降りていくと中間から斜面が広くなった。スラフが落ちる脇をリズミカルにターンをつなぎながら降りていき、

クーロワールを出てからは気持ち良くミドルターンで滑り降りて行った。会心の滑りとはいかなかったけれど、目的にしていたタイトなクーロワールを無事に降りきった安堵感と達成感に包まれていた。

翌日、天気予報が見事にあたり、雲ひとつない青空が広がっていた。それにしても、今回は次の目的地に移動する直前に降って晴れるという幸運に恵まれている。

俺たちがステイしている宿は、トリップアドバイザーでアワードを取っている人気宿らしいが、観光オフシーズンのようで他に滞在者もおらず静まり返っていた。オーナーが旅行に出ているので、ジャグジーを使えないことだけが残念だったけど、宿のテラスから広がる景色を独り占めできる贅沢さを堪能していた。風もなく雪山が映る水面、眩しいくらいの白い雪山。楽園…といったありきたりの表現しか出てこない語彙力の乏しい自分を呪う。

昨日すでに下見を済ませていたルートを辿り、セニア島の突端に向かっていった。短期決戦のときは、欲張らずにロケハンした場所に行くのが鉄則だ。いろいろ目移りするうちに時間ばかりが過ぎてしまうからだ。今日は、以前から調べて目星をつけていたルッティンドレーナという山の大クーロワールに行きたいと思っていた。しかし、昨日の湿雪に不安があった。南東向きの標高差350mの急斜面。クーロワールとしては斜度がキツすぎず、ロングターンができるくらいの比較的広い斜面なので、今まで滑った名もなきクーロワールに比べたら難易度は低めなのだが、いかんせん雪が悪すぎる。昨日でもかなりヤバかったけれど、今日はさらに気温が上がったので、大規模な湿雪雪崩が起こる可能性が高かった。

このエリアを象徴する有名なクーロワールだけに、爪痕を残したいという気持ちはあったけど、俺たちの旅ではそこまでのリスクを冒さないことを約束にしていた。まず1対1

の撮影であり、カメラマンとスキーヤーがかなり離れる場面が多いので、もし雪崩などの事故が起きた時のバックアップが不十分なのだ。通常の撮影だったら3人くらいのライダーでパーティを組み、一人で滑る時は他の2人がいつでもレスキューに入れる準備をしておくものだ。地球を滑る旅は冒険ではない。だから、スキー場の少し奥だったり、現地の人が良く訪れるバックカントリーで撮影することにしていた。という訳でいろいろ考慮した結果、昨日滑ったクーロワールの奥のエリアにアクセスすることに決めた。駐車帯にはローカルスキーヤーの車が常に1〜2台は停まっている人気ポイントだけど、これこそが地球を滑る旅スタイルだ。この読みが見事に当たった。比較的緩やかな斜面を登って北面や西面にアクセスができ、この暖かさで絶望視していた雪質も、北寄りの斜面ではギリギリパウダーだった。アラスカで言えばハッチャーパス。日本で言えばニセコのパノラマラインや立山の室堂といったところか。

圧倒的に近く、斜面がなめらかで広く、斜度もちょうど良い。稜線に出ると、雪付きの良い滑からな稜線やフェイスがあっちにもこっちにも。裏面はニセコのシャクナゲ岳から長沼に滑り込む斜面に似ているが、それをさらにメンツルにして、規模を2倍にした感じ…つまりは極楽のようなロケーションだということだ。スバールバルでの撮影を終えて、少し燃え尽き症候群な感じがあったけれど、物語にはまだまだ続きがあったのだ。

撮影でこんなに快適な斜面を滑って良いのだろうか？すっかりエンジンがかかった俺は、圭くんに次々と提案していった。最近、俺の提案に圭くんが気乗りしないときや、逆に圭くんの提案に俺が気乗りしないことがあったけど、今日は2人のモチベーションやテンションがマッチしているのか、気持ち良いくらい判断が早く、ハイクも早く、打ち

合わせも早く、リズミカルに進んでいった。プライベートで滑りに行き、自分のイメージ通りに自由に滑るのはスキーヤー本来の喜びだ。しかし、創作意欲満点で取り組んだ撮影がイメージ通りテンポ良く進んでいく充実感もたまらない。

「いやー、やりきったね」

圭くんが穏やかな笑顔を浮かべて言った。パズルの最後のピースがはまった時のような気持ちだった。

そして、最後は2人で広大な斜面を車めがけて一気に滑り降りて行った。圭くんが本気モードで滑る時は「完全に撮り切った」と思ったときだけなのだ。もちろん滑るのも大好きなはずだけど、満足できる撮影ができるまでは、決して滑りモードにならない。圭くんの「写真を撮りたい」という情熱は半端ではないのだ。そうでなきゃ、10年以上も一緒に創作活動を続けることはできないだろう。滑っても滑っても滑り足りないスキーヤーと、撮っても撮っても撮り足りないカメラマン。俺たちは本当に最高の相棒だ。

車に戻ると、これから入山する準備をしていたローカルスキーヤーたちと会って話をした。彼らは遥か遠く日本からセニア島を選んで滑りにきた俺たちを歓迎し、俺たちは地元の人たちがさりげなく楽しむ姿を見られて感動していた。この辺にスキー場はほとんどなく、スキーと言えばクロカンやバックカントリースキーだ。しかし、スキー場に恵まれた地域よりも、スキーが生活に密着しているから不思議だ。どの家の玄関口にも、いつもスキーが立てかけてあるような生活とでも言おうか。アラスカやグリーンランドに行ったとき、スキーは海外から訪れるごく一部の物好きな富裕層の遊びといった捉えで「よくもまぁ、寒かったり、疲れたり、危険な目にあってまでやるよな」と引いた目で見ている人が多いように思った。それは日本の雪国もしかり。しかし、北欧は違うのだ。

いろいろと大満足の俺たちは、夕日に誘われるようにして美しい入江に佇むレストランに立ち寄った。釣り人が泊まる宿に併設のレストランで新鮮な魚介を食べさせてくれるみたいだ。

キッチンとホールをワンオペでやりくりしていたのは、バイキングを彷彿とさせる風体の大男だった。そこでちょっと奮発してビュッフェを頼み、タラのスープやサーモンのバターソテー、ボイルしたエビに舌鼓を打った。やっぱり海の幸に恵まれた国は最高すぎる。俺が地元札幌から離れられないのは、雪山も大好きだけど海も大好きだからだ。なので、総合的にノルウェーはポイントが高い。

もっと沢山の種類の魚介類をいろいろな調理方法で料理してくれたら言うことがないのに…なんて贅沢なことを言いながら、圭くんに運転を任せて注文したノルウェービールのグラスを傾けた。

5月の北極圏は心地よい。夕日がいつまでも続き、その分だけ旅の余韻に浸れるようで嬉しかった。

Engerud   11
Reinelv   8
Tømmerneset 10

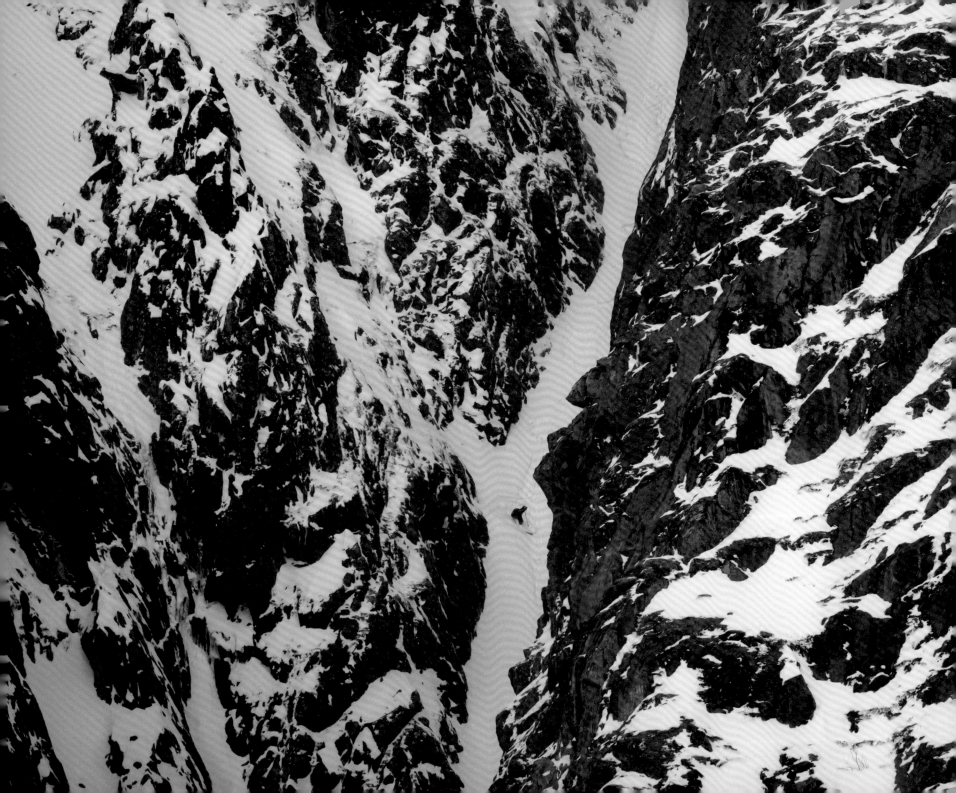

「今回は何も大きなトラブルなしに終わるんじゃない？」
そんなことを話しながら、圭くんと最後のフライトに乗り込んだ。
「行き当たりバッチリ」を信条に突き進んできた俺たちの旅も、自分たち自身が歳を増すことで慎重になり、時代の変化と共に様々な予約や支払いシステム、連絡手段、翻訳手段の向上によって、事前にトラブルを回避できるようになってしまった。安心感は増したけれど、正直寂しくもあった。今は携帯とパスポートさえあれば、なんとかなると言ってもよかった。そんな大切なパスポートを出発の際に圭くんが忘れそうになったのが唯一のトラブルらしいトラブルだったかもしれない。色々あった1ヶ月の旅が終わる寂寥感と安心感が同時に押し寄せ、俺は飛行機のシートに腰を沈めて大きく深呼吸をした。
その時だった。一つ前の席についている圭くんの動きが怪しい。立ち上がったり座ったり、ポケットをまさぐったり、カバンをまさぐったり…。あの動きは見覚えのある動きだ。かなり大切なものを無くしてしまったのでは？
「タケちゃん、俺、やっちゃったかも…」
「マジで？　なに？　パスポート？」
「いや、携帯電話…」
いつもならどこかからポロッと出てくるので俺は心配していなかった。しかし、圭くんの携帯を呼び出しても見つからず、スタッフに待合室を見に行ってもらっても見つからなかった。
「まじでやらかした！」と圭くんは当然焦っているが、俺は、このトラブルが次の旅の予兆なんじゃないかと思っていた。加齢や生活環境の変化によって、変わるものと普遍的なもの。コロナでの空白の3年が明けて初めての旅は、それを意識させるものだった。そして、小さな結論は、今回の旅の間に、次の目的地が決まったことだった。

慌てふためく圭くんを眺めながら、この相棒と出かける次の旅を思い浮かべていた。

CAMP STEINFJORD

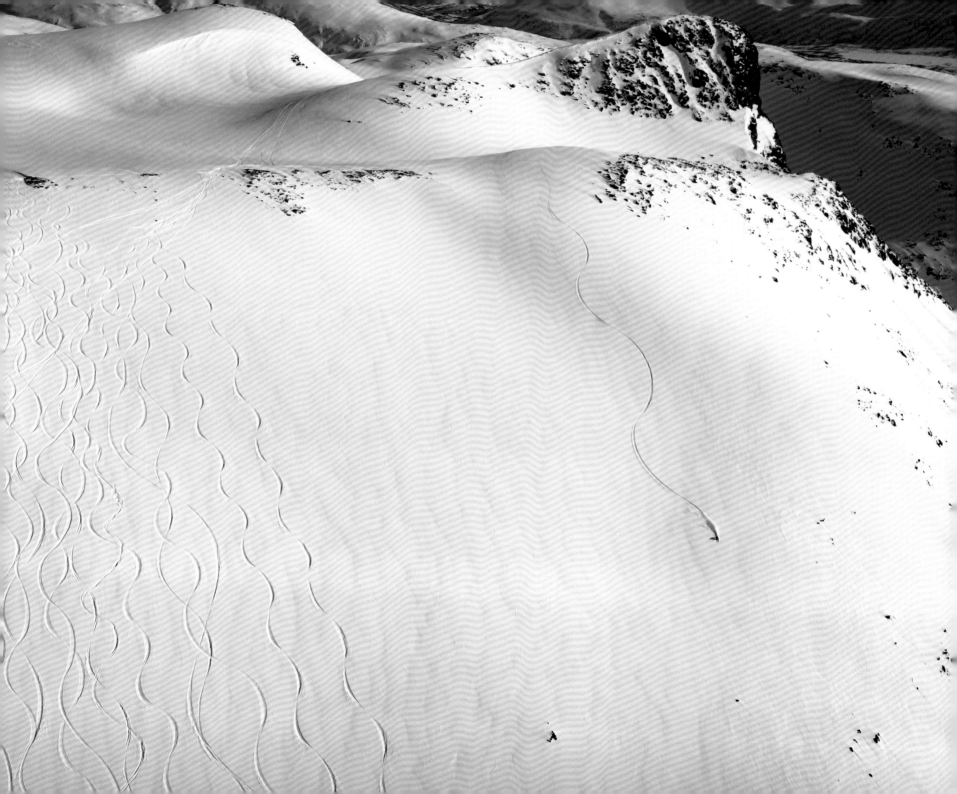

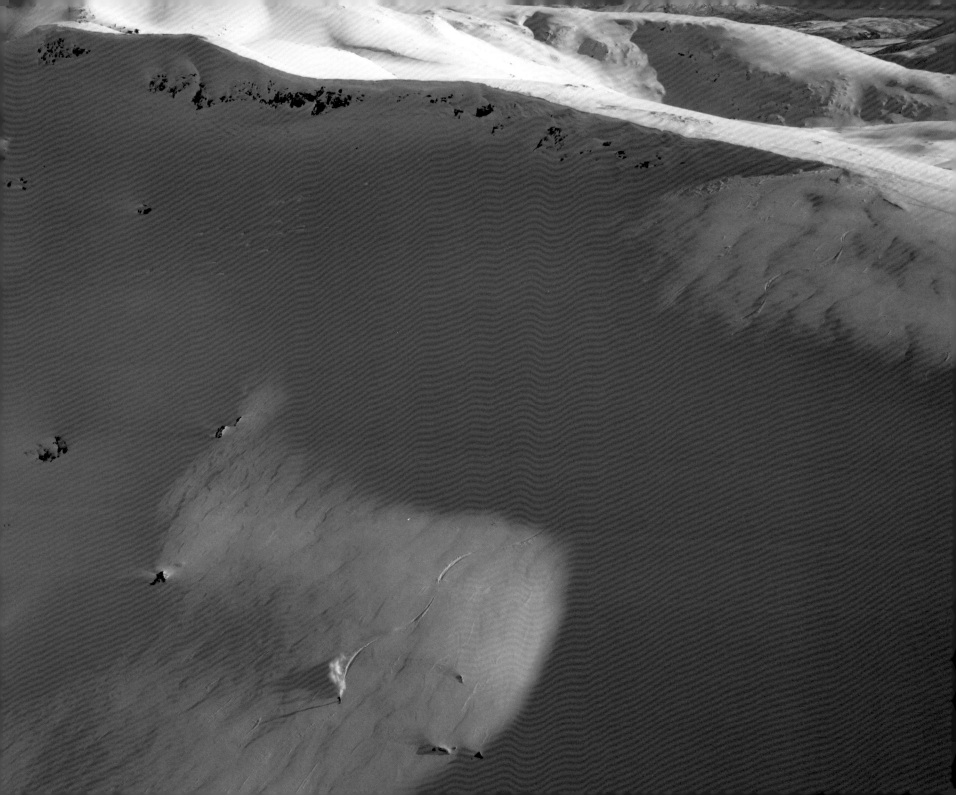

エピローグ

旅から帰ってきて、日本での日常を取り戻しつつあったある日、YouTubeで動画をぼんやり眺めながら関連動画をいくつか辿っていると、ある動画にたどり着いた。

「……え？ マジで？」

あまりの驚きに言葉を失った。一人の日本人がイギリスのオーディション番組『BGT』に出場していて、その日本人に大いに見覚えがあったのだ。彼は、旅人スタイルの自転車でスタジオに現れ、ユーモア溢れるマジックを披露。癖のある審査員たちを夢中にさせ、会場全体を魅了。見事ゴールデンブザーをゲットしたのだった。

「岩崎さん?!」

彼の名は岩崎圭一。俺が今まで出会った中で、最もぶっ飛んでいる旅人だ。岩崎さんは、父が経営する町工場で働いていたが、28歳で「世界が見たい」と所持金160円で自宅をスタート、そこから人力での移動と無銭旅行（収入はマジックの投げ銭のみ）に拘って世界一周の旅を続けている。なぜ彼をよく知っているかというと、エベレストを登頂した日が一緒で、遠征の間、一緒に過ごすことが多かったからだ。同じエベレストとはいっても、彼のエベレストと俺のエベレストでは、ストーリーの重さ（面白さ）が違いすぎる。俺の場合、仲良くさせていただいていた年配スキーヤーの方がエベレストにチャレンジすることになり、身の回りのお手伝い役として行ったエベレストだ。年配スキーヤーの方が体調を崩してしまったため、俺が隊を代表して登頂したという経緯だった。岩崎さんの場合、無銭旅行中にエベレストを見て、どうしても登ってみたくなり、友人からのカンパで集まった資金を使ってエベレストに挑戦することを決意。なんと海抜0mから人力で移動して登頂、帰りはガンジス川をイカダで海まで下るというとんでもないチャレンジだった。

その後も旅を続けていると聞いたことはあったけど、まさかエベレスト登頂からさらに18年も経った今でも一度も帰国することなく、全く同じスタイルで旅を続けていようとは…開いた口が本当に塞がらなかった。

実は、俺の旅は岩崎さんの旅に大いに影響を受けている。岩崎さんに比べたら中途半端かもしれないけれど、渡り鳥のように世界を飛び回りたい。それを大好きなスキーでできたらこれ以上の幸せはないと思っていた。

多かれ少なかれ、誰もが子供の頃に思い描いたことかもしれない。しかし、様々な要因で行動に移すことができず、年齢を重ねてしまうものだ。お金がないから…、家族の反対で…、持ち家があるから…、時間がないから…、体力がないから…。岩崎さんは、それらの束縛から完全に自由になることで、限りない自由を手に入れている人なのだ。これは、とてもシンプルなことに見えて、極めて難しいことだと思う。家族ができたら住居を構えたい。生活のために仕事に明け暮れ、時間と労力を費やす代わりにお金を得る。お金を守るために様々な資産を形成し、どんどんディフェンシブになっていき、フットワークが鈍っていく。YouTubeの話題に戻るが、オーディションの結果、岩崎さんは大西洋を横断するために使用する手漕ぎのボートを購入する資金をゲットし、ようやく南米大陸に渡った。彼の旅は、目的地があるようでない旅だ。ゴールすることが目的ではなく、旅の過程を100%楽しんでいる。恐らくこのペースだと、彼が生きている間に日本に帰ってくるかどうかも怪しい（笑）。

何かを守るために心配ばかりしている人生と、目の前の一日、目の前の出来事に常に100%で向かい楽しんで過ごす人生。どちらかを選べと言われたら、そりゃ後者を選びたいに決まっている。しかし、岩崎さんと同じレベルで振り切った人生を歩むのは、正直言って俺には難しい。子供の成長を身近で見守りたいし、お袋の介護をして

あげたい。そのために家族が路頭に迷わないための準備をしなくちゃと思う。だけど、岩崎さんのように生きたい自分もいて、様々な事情をクリアしつつ、折り合いをつけて旅に出ることが、自分らしいスタイルと思っている。

先日、お袋の介護で付き添っていた時、お袋が寝ている合間に冒険の原稿を執筆しようと試みた。しかし、親の介護モードから冒険の原稿モードに切り替えるのは、今までで最も難しかった。

「冒険」の対義語は「母親」。世界的に人気の漫画「ワンピース」の作者、尾田栄一郎氏が 言った言葉だ。なるほどと思ったけれど、俺的には「冒険」の対義語は「親の介護」の方が近いと思う。

自分の置かれている状況に悩んだ時、いつも分かりやすい形でヒントをくれる人が現れるから不思議だ。18年前にエベレストの分水嶺で違った方向に流れ込んだ水は、やがて大洋で混ざり合うのだ。長い歳月を越えて岩崎さんと出会ったことは、俺にとってただの偶然とは思えなかった。コロナ禍の3年は振り返るとあっという間だったけど、その損失は確実にある。自分の加齢を意識することが多くなり、知らず知らずのうちにディフェンシブな思考になっていた。それにハッと気付かされた瞬間だった。

今のこの思いを、息子たちにも伝えたかった。

「コウセイ、俺の友達の岩崎さんって人が、めっちゃ面白い生き方をしていて、それが本になって出版されるらしいから、絶対に読んだ方がいいぞ」「マジ〜、でも読むのダリ〜」…まぁいい。俺も高校生の時はそうだった。結局は自分で探しに行かなければならないのだ。

マスクを外し、たくさんの人と密に関わり、腹の底から大声で笑うという当たり前の幸せを噛み締めて、地球を歩き回ろうじゃないか。

D__b__™

FIELD EARTH

MIDLANDS